张兴龙◎编著

张瑞敏的儒商智慧

ZHEJIANG UNIVERSITY PRESS

浙江大学出版社

目 录

前　言

企业是什么？

这对于大部分企业家而言，非常容易给出一个答案，诸如，企业是员工们吃饭的饭碗，企业是给国家赢取利润的法宝，企业是给自己带来金钱、地位、名誉的利器……凡此种种并不是不正确，而是对企业本质的理解过浅、过俗、过窄，一旦抱着此种观念来创造、经营企业，必然因为理解观念的禁锢而直接影响企业的命运。

其实，对于企业创造、发展、经营的理解需要一种大智慧，大凡成功的企业创造者、经营者就是大智者。

张瑞敏拥有怎样的企业发展智慧？ 我们又应该从哪些方面去汲取他的智慧？ 当我们暂时搁置了所有个人成功的经验，忘记了失败的教训，去做一个真正忘我的倾听者的时候，才有可能切近张瑞敏的企业发展智慧的本质。

众所周知，在企业界，大家一般尊称张瑞敏为儒商，这是对他个人的一种赞誉，也是一种推崇。这时人们不禁要发问，张瑞敏这种儒商特质，为企业带来了什么？

从一个负债累累的街坊工厂，到世界级的家电帝国，正如张瑞敏所说，"海尔是海"，这片海，厚德载物，有容乃大。作为大海的缔造者，张瑞敏像是一位深谙中国古老哲学智慧的智者，以他宽广的胸怀，兼收并蓄，包罗万象，将来自各家各派的智慧支流汇于一起，缓缓注入大海，永续不绝。

虽以"儒商"而驰名，但是张瑞敏的儒商智慧并不限于儒家的智慧。诚如当年儒家的孔子真诚地请教道家的老子，今天的张瑞敏则是真诚地向儒家、道家、兵家等不同流派的智者求教，这种兼容并收的学习姿态，本身就是中国传统文化的精髓。中国传统文化的智慧，加上张瑞敏自己的理念，融会贯通，形成一种文化，成为独属于海尔的企业文化。换言之，海尔企业文化是生长在张瑞敏儒商智慧之根上的大树，因为深厚的儒商智慧的补给供应，才让企业文化之树绿荫繁茂。这种企业文化，既代表了张瑞敏企业认知智慧的核心和本质，同时，也概括了海尔从无到有、从小到大、从弱到强、从国内到国际、从家电到综合成长之路上的真实历程。

企业经营和文化联系起来，并非是张瑞敏的独创，但是，通过对传统文化哲学的深刻观察、体悟、深省提炼出企业经营文化的智慧，则是张瑞敏的独创。这也算的上是张瑞敏缔造和经营海尔品牌的独门秘籍。

把张瑞敏企业智慧的核心聚焦于中国古老的传统哲学层面，是他缔造、发展、经营海尔最大的特征，而对海尔企业的灵魂就是文化的理解，则构成了张瑞敏企业文化发展理念的核心。回顾张瑞敏缔造企业的经历，我们看到他在对传统文化哲学的体悟和认知上滋生出企业生存、发展、扩张等经营和管理上的智慧，这一点在张瑞敏第一次接手了一个亏损严重的企业，却在短短时间内把它发展成为国际著名品牌的创业之路上得到了最鲜明的证明。

海尔能够成就今天的辉煌，服务的高品质功不可没。事实上，许多人知道海尔却不熟悉张瑞敏这个人,对海尔的认识更多来源于张瑞敏一手打造的海尔特色服务。

　　所有的企业家都知道这样一个非常简单的道理,企业要生存不仅需要依赖产品的质量,还需要优秀的服务。但是,在众人眼中,服务就是讲究精细到位,只要舍得花钱雇用高素质的服务人员,只要加强对服务人员的规范要求,那么,服务就会和产品质量一样优秀。怀有这种想法的企业家绝不在少数。

　　西方有位哲学家曾经说过,在理论上行得通的,在现实中未必行得通。上述存在于中国绝大多数企业家思维中的理念,往往因为实践中行不通而暴露出了服务的弊病。姑且不说你是否舍得在服务上花费高价钱,能否雇用到一流素质的服务人员,单就这种想法本身就存在着致命的缺陷。因为这样的思维模式把服务仅仅看成产品质量之后的另外一种工具或手段,仅仅把服务看做一种产品质量的附加值,换句话说,对服务本质的认识没有摆正位置。张瑞敏之所以创造了企业领域第一流的海尔服务,恰恰并不在于他在服务上面投入了比其他企业更多的资金,而是把企业服务作为一种文化,换言之,把企业服务从技术层面上升为一种文化境界。

　　在张瑞敏的经营智慧中,企业的客户服务、售后服务、海外服务,并不仅仅因为客户买你的产品从而构成的利益链条,更不是一种义务性质的成本负担,而是渗透了传统儒家积极入世情怀的文化。它追求的是一种自觉而非被迫、全面而非狭隘、感性而非抽象的文化服务意识。这种根植于企业领导,然后再灌输给服务人员的文化意识,是花天价银子雇用服务人员的企业根本无法做到的。

　　管理是一门艺术,但是,管理更是一种文化。正如西方成熟发达的管理制度源自于西方悠久的商业文化传统一样,张瑞敏创造的海尔管理文化则来自于中国本土优秀的文化传统。在管理思想上,当中国企业家们热衷于生吞活剥西方管理技术的时候,张瑞敏从中国儒家强烈的忧患意识中体悟到了管理文化的精髓,从而创造性地为中国企业家树立了以自觉的忧患意识为标志的管理思想文化;在管理行为艺术上,当企业家们把管理作为一种凌驾于他人之上的特权的时候,张瑞敏却骄傲地宣称好的管理恰恰在于被管理,构建了服务型管理模式,从中烛照了民族传统管理文化的身影;在管理制度上,西方管理模式泛滥的时代,张瑞敏坚持东方本土文化特色,适当融合西方管理制度文化,由此打造了中学主体、兼容并包的海尔特色制度文化。

所有智慧都来自于实践。张瑞敏的企业缔造、经营、管理等智慧既不是先天存在的,也绝不是一日之间立即生成的,数十年的艰苦创业、摸索、总结铸就了他以文化管理企业、发展企业的智慧。我们对张瑞敏企业文化智慧的梳理、廓清、挖掘,并不是要刻意地让大家去模仿、比附、套用他的智慧,因为这样只能是损害我们企业家们的经营管理。

由于一切人的智慧都是建构在人的精神层面,无法眼见手摸,企业文化的形象、直观,恰好弥补了我们无法触摸智慧之门的不足。所以,我们今天解读张瑞敏的儒商智慧,就可以避开抽象隐晦的所谓智慧本身,借助触手可及的海尔企业文化模式,为今天忙碌的企业家们、管理者们,绘制一张切近张瑞敏儒商智慧的神秘图画。显然,无论对于大众的阅读,还是对于更感性地理解张瑞敏的儒商智慧,这种做法不仅合理且非常必要。惟其如此,我们才能从海尔企业文化的切口,走进张瑞敏儒商智慧的深处,这也成为我创作本书的目的和写作的宗旨。

第一篇

儒道互补智慧：企业认知文化

在张瑞敏的企业认知观念中，企业首先是一种文化，是一种浸透了中国道家哲学的企业文化。这个看起来多少有点玄乎的观念，却是张瑞敏企业经营智慧的源头活水。他曾直言不讳地说，我最喜欢老子的《道德经》。

张瑞敏为什么如此执着于文化，尤其是中国道家哲学。对此，我们可以通过张瑞敏自己对道家哲学的推崇，以及他人眼中张瑞敏对道的迷恋，去发现他企业认知文化智慧的秘密。

张瑞敏是如此认识和理解道家哲学文化与企业发展的关系的。他说，企业现存的最大弊病是：从各级领导一直到下面，看重有形的太多，看重无形的太少，哪一位上级领导来检查都是看利润有多少，生产有多少，没有谁注重企业的文化，而且许多单位也没有文化，而一个企业如果没有文化就等于没有灵魂。在老子《道德经》中，无形就是灵魂，就像"道生一、一生二、二生三、三生万物"。万物的根源是道，而道恰恰是非常重要但看不见的东西。[①]

张瑞敏对于《老子》一书的偏爱，常常让我们想起另外几位著名的企业家，

---

① 胡泳：《张瑞敏如是说》，浙江人民出版社 2005 年版，第 2 页。

一位是王石，据说这位中国房地产界的大亨对读书的嗜好极其强烈，不论工作如何繁忙，总要抽出时间读书。

无独有偶，恩威集团的薛永新崇尚老子"水的精神"更是人人皆知，为此，他还出版了《大道无为》一书专门阐述自己的见解。薛永新十分推崇老子"天下之至柔，驰骋天下之至坚"的说法。

更耐人寻味的是，日本松下的企业哲学也很推崇老子哲学。在松下公司花园里就有一尊老子的铜像，下面的石座上刻着中文：道可道，非常道。诺基亚总裁奥利拉自称老子就是他的思想导师，他常常引用老子的话来管理员工。而法国阿尔斯通总裁安南·博格到中国之前，就专门找人教他学习了老子哲学，他曾这样郑重地说："在中国做生意，要懂老子。"

这大约是英雄所见略同的缘故吧。这些成功的企业家，并不是一副阴谋算计、奸诈耍滑的丑恶嘴脸，往往是儒雅气质、涵养大气。这也从一个方面说明了，企业家与文化哲学之间的关系是如何的密切。

张瑞敏对老子的热爱近乎痴狂，不仅他的书房里和案头摆着老子的书，而且，只要能够抽出时间，他都要反复地研读，现在就连张瑞敏自己也说不清楚究竟看了多少遍《道德经》。长此以往，终于对老子哲学了然于心。

有一次，张瑞敏在演讲的时候，有人问他：把中国的海尔经营得那么成功的秘诀究竟是什么？张瑞敏故意说，他经营海尔之所以成功，并不是个人的成功，而是因为他的企业请了三位著名的老师，是他们教了他如何管理海尔，才最终获得成功的。

与会者一听，顿时非常好奇，因为在他们的印象中，还没听说过海尔集团里面有哪些高人在帮助张瑞敏。于是，立即问张瑞敏究竟请了哪三位管理界的高手。张瑞敏则笑着说，第一位老师是老子，第二位老师是孙子，第三位老师则是孔子。他请了这三位老师，虚心向他们学习，所以能把海尔经营得这么好。当大家问他究竟最喜欢上述三个人中的哪一个呢？他毫不掩饰内心的偏爱，骄傲地说他最喜欢老子的《道德经》。他说，《道德经》中讲的无为而治，就是他经营海尔的主要管理思想。

由于对老子哲学的如此嗜好以及深刻领悟，张瑞敏才能真正汲取到老子文化哲学的精髓。曾经有记者在采访张瑞敏时问及他对海尔发展的认识，他的回答真正让我们领略到了他对老子哲学的热爱不仅仅只是个人的偏好，更是一种深刻的把握。

他说："从来不会有事物能从混沌直接到有序，只能是从有序到混沌，再到一个新的有序的过程。所以我们在整个组织结构中提出来，一定要建立一个有序的非平衡结构。你首先要认为它永远是非平衡的，就像走钢丝一样，只有在动态当中保持平衡，才能走到终点。这就要求我们应该把每天都看成是冬天，这是一种挑战。不一定说从冬天一定会到春天，怎么会一定是这样的呢？就算自然界也是这样，一年四季老是周而复始。即使冬天来了，只要你能寻找到你要的东西就可以了。大雪封路，别人都没有猎物了，都没有吃的了，你寻找到了，你就找到了春天。"[①]

我们固然不能因为张瑞敏在企业上的巨大成就，就肉麻地吹捧他对老子的道家哲学研究得如何通透晓彻。但是，如果因为他这个方面的成就而刻意否认或遮蔽其对老子道家文化哲学的成绩，那也是不公正的。面对中国最古老的哲学之一，别说一个长期致力于企业发展的领导不可能做到精通，就算是一生致力于老子道家文化哲学研究的学者，也不敢妄言"精通"二字。在这个意义上，

① 张瑞敏：《张瑞敏谈商录》，哈尔滨出版社2005年版，第162页。

一个现代企业家能够把握住道家哲学的精髓,对文化的精髓有个人独特的思考,创造性地把这种理论运用到现实实践中去,而且最后的实践证明了其对文化观念理解的正确性,那么,这就算得上对文化精髓的精通晓彻。

张瑞敏在这方面做到了,他不仅成功地把握了道家文化哲学的精髓,认为"万物的根源是道",而且,对此作出了个人的思考:"道恰恰是非常重要但看不见的东西。"海尔的缔造从无到有,属于"看不见的东西";海尔的发展从电冰箱一种类型的产品发展到覆盖所有白色家电、黑色家电,这也是在无形无影中完成的;海尔从国内市场走向欧洲和美国,也几乎是在人们还没有意识到怎么回事的过程中完成的。要言之,海尔的成长过程在客观上遵循了中国道家文化哲学的路径:道生一、一生二、二生三、三生万物。由此,奠定了他构建海尔文化的哲学基础。诸如海尔文化对于海尔发展的重要地位,海尔文化管理中的具体措施并不是一个简单的模式,而是一种存在于无形中的永远变化的东西。

凡此种种,都来自他对道家哲学的深刻体悟和再创造。也正是因为这个原因,我们赞同张瑞敏所说的,企业发展的灵魂是企业文化的观念,并将对这个观念的理解和阐释作为本书的第一部分,从三个方面来详细加以研究。

第一章

海尔的灵魂是文化

文化与企业：鸡生蛋还是蛋生鸡

1984 年 12 月 26 日，35 岁的张瑞敏从青岛市家电工业总公司副经理的位置上，正式上调到青岛日用电器厂（海尔的前身），担任这个厂的厂长。

青岛日用电器厂早期为手工业生产合作社，创建于 1955 年，1958 年发展成为合作工厂，1979 年开始研发生产洗衣机，从而奠定了家电企业的基础。但是，在 1984 年张瑞敏接手的时候，企业亏空达到 147 万元，年销售收入仅仅为 348 万元。由于连年亏损严重，工人工资发放困难，全厂 600 多名职工已经是人心涣散。据张瑞敏后来回忆，欢迎他的是 53 份请调报告。上班八点钟来，九点钟走人，十点钟随便往大院里扔一个手榴弹都炸不到一个人。到工厂就只有一条烂泥路，下雨的时候必须要用绳子把鞋子绑起来，否则鞋子会被厚厚的烂泥吸住而脱掉。这些在今天听来多少有点传说味道的故事，就是当时摆在张瑞敏面前的真实情况。

为了改变该厂经营状况，上级主管部门在一年内先后派了三位厂领导，希望能够通过他们的努力挽救这个"烂摊子",但是,三位厂领导均无功而返。在这种情况下,张瑞敏临危受命,成为一年之内接手这个烂摊子的第四个厂领导。

正如同大部分人对于他去接手这个工厂并没有抱什么希望一样,当时没有人能够想到的是,就在张瑞敏接手这个工厂之后,不仅让"病入膏肓"的青岛日用电器厂起死回生,而且,就在这个公认的"烂摊子"的基础上,构建了中国电冰箱行业最辉煌的大厦——青岛电冰箱总厂。

从 1984 到 1991 年,张瑞敏领导下的青岛电冰箱总厂只生产电冰箱一种产品。在 1992 年,以青岛电冰箱总厂为核心,通过合并青岛电冰柜总厂、青岛空调器厂,张瑞敏组建了海尔集团公司。短短几年的时间,在张瑞敏的带领下,不仅海尔电冰箱从无到有,从国内走向世界,而且,海尔的品牌也从电冰箱扩大到冷柜、空调等多种家电产品。

1995 年,海尔集团收购了当时全国三大洗衣机厂之一的青岛红星电器厂,正式从制冷家电进入洗衣机行业。在此基础上,海尔又进入热水器、洗碗机以及小家电等行业,经营领域几乎覆盖了国内所有白色家电产品。

1997 年,海尔集团与杭州西湖电子集团组建杭州海尔电器,正式宣告海尔集团从白色家电行业向彩电、VCD 等黑色家电领域进军。至此,张瑞敏领导的海尔集团实现了从电冰箱到白色家电,再到黑色家电的多次跳跃,几乎涉足了全部的家电行业,形成了以海尔为品牌的系统而完备的产业链。

今天,当人们怀着羡慕的心情惊叹张瑞敏缔造的海尔神话的时候,会更多地从他的睿智和天赋上去寻找成功的秘诀。的确,在竞争激烈到近乎残酷血腥的商业战场上,能够挽救一个严重亏损的企业已经实属不易,而把这个"烂摊子"打造成国内家电领域的第一品牌,没有惊人的管理天赋和经营手段是绝对不可能完成的。但是，所有这些不过是一种纯粹的技术层面，仍然不具有追本溯源的意义，如果想从根本上揭示张瑞敏一手缔造海尔的智慧，还需要从他的文化认知观念上开始。

海尔对于我们大众而言，不仅仅是一个家电的品牌，其实，更是一种文化。而这种文化底蕴的打造又绝不来自于海尔功成名就之后。换句话说，是文化成就了海尔，而不是海尔成就了文化。对此，张瑞敏直言不讳地说："中国20年的辉煌，海尔20年的成就，主要不在于有形的东西，而恰恰在于无形的东西。一个企业没有文化就等于没有灵魂。老子《道德经》中无形就是灵魂，就像'道生一、一生二、二生三、三生万物'。万物的根源是道，而道恰恰是非常重要但看不见的东西。"

这很容易让人想起那个在全世界普遍流传的"鸡生蛋还是蛋生鸡"的争议话题。究竟是先有鸡还是先有蛋？据说对于这个命题的争议持续了数个世纪，直至最近，有报道指出，英国科学家的研究揭示了这个世纪难题：

据英国媒体报道，困扰人类的世纪谜题"鸡生蛋还是蛋生鸡"终于有了答案。英国科学家称：先有鸡后有蛋。

科学家解释道，鸡蛋只有在一种化学物质的催化下才能形成，而这种物质只存在于鸡的卵巢内。

研究发现，这种化学物质是名叫OC-17的蛋白质，它起到催化剂作用，加速蛋壳的形成。而蛋壳就好比是蛋黄的家，保护着蛋黄最终变成小鸡。

科学家通过电脑技术不断放大观察鸡蛋的形成过程，发现OC-17在鸡蛋的形成初期起着至关重要的作用。在OC-17蛋白质的作用下，碳酸钙转化为形成蛋壳的方解石。

科学家认为这个发现除能认识到鸡是如何孕育出蛋以外，还有助于研发新型材料或程序。①

　　其实，我们对于企业智慧和文化之间关系的理解，也是这样一个命题。究竟是企业发展造就了企业文化，还是企业文化孕育了企业发展。对于一般人而言，更愿意把文化当做企业之外的东西，认为只有企业获得了发展，才能利用企业利润去发展企业文化，而这样做的结果就相当于把企业看做一只鸡，把文化看做鸡蛋。如此一来，本末倒置，文化只能成为企业的点缀和附属品。而张瑞敏在道家哲学文化中，看到了文化的孕育和包容性，体悟到了一切企业的发展和智慧只能孕育在文化中。在他的观念中，文化是鸡，企业是蛋；文化是道，企业是一、二、三、万物。这种文化孕育和滋生企业诞生、发展、扩张的过程，这是一个不断变化和创新的动态过程，它提醒我们，一个聪明的企业家既不要只把眼睛紧紧盯在孤立的企业本身上，也不要完全依赖于所谓的企业管理、经营、生产的智慧上，而是要善于发现生产这些智慧的本源——文化。

　　在我们大部分企业家认为企业文化是工会搞的企业点缀品的时候，张瑞敏却把文化作为企业发展的灵魂，这就是他儒商智慧的第一秘诀。而文化带给张瑞敏的创业智慧是多方面的，同时，也是张瑞敏对文化丰富内涵吸取的简单实用之处。今天辉煌腾飞的海尔，不过诞生于当时无药可救的一家普通企业，这就是一种"道生一"的体现；海尔从单纯生产冰箱一个品牌型号，发展成为生产冰柜、空调、彩电等多种产品，则是"三生万物"的体现。张瑞敏可谓真正吃透了道家哲学文化与企业发展智慧的关系，在不动不静之中，让海尔从一到二、三，直至万物。

　　至此，我们可以毫不犹豫地概括：以道为核心的中国古老道家哲学文化不

---

　　① 中国新闻网，http://www.sina.com.cn，2010 年 7 月 14 日。

仅成就了海尔企业，还是海尔文化的思想资源，而不是海尔企业成就了海尔文化。

案例 1·文化创新就是创造一种文化资源

张瑞敏在接受记者采访的时候，曾经讲述了当年接手青岛电冰箱总厂之后如何创新的一个故事：

当他第一次满怀着希望来到工厂的时候，几乎不敢相信眼前的工厂就是他要接手的企业，当然更想不到这个破烂的地方，能够在短短几年之内崛起中国企业的神话大厦。

张瑞敏接手这个工厂的时候，正值 35 岁，工厂员工有 600 多人，工厂账户上却是 147 万元的财政"赤字"，摆在张瑞敏面前的就是这样一个非常现实的情况：企业是个烂摊子，发工资要靠借钱，怎么办？

如何解决职工的吃饭问题，这真的让当时的张瑞敏伤透了脑筋。这个厂以前的解决办法是借钱。张瑞敏当然不希望过这种借钱的日子，可是除此之外没有任何办法。然而，比借钱发工资还令张瑞敏头疼的是借不到钱！

当时的这个烂摊子属于一个集体的小企业，说得不好听点，就是街道小厂。这样的企业，向国家借，国家不会给你钱，因为国家更相信财大气粗的国有企业。张瑞敏又跑到银行借钱，但是，银行算得更精明，这样的烂企业，银行怎么敢借钱给你啊，如果亏本了谁来赔偿啊。

走投无路之下，张瑞敏只好到农村去借钱。当时在城郊结合部的地方，许多农村生产大队虽然并不十分富有，但是，在那个农村经济属于封闭的自给自足的状态下，农村的日子比城市要好过得多，所以，许多生产大队就把钱借给了自己的"阶级兄弟"。

许多年以后,尤其是在海尔飞黄腾达之后,人们也许会对这个故事的真实性表示怀疑。但是,研究海尔现象和张瑞敏管理智慧的专家认为当时工厂的困难情况,要比张瑞敏自己说的有过之而无不及。

但是,正如中国人说的"救急不救穷",这种靠借钱来发工资的办法只能解决一时困难,不可能从根本上扭转企业的困境。想让企业发展,必须彻底改变企业目前的现状,也就是说,张瑞敏必须在这个废墟上重新创造出一个崭新的企业空间。

"穷则变,变则通,通则久"。张瑞敏在对道家哲学文化的长期体悟中发现了变通创新的智慧。目前企业的生产状况需要彻底改变,而这种改变不应是换汤不换药的那种改变,而是本质上的飞跃和提升。这其实是张瑞敏创新意识的基础。如果按照该厂原来的思路发展,根本没有生存下去的希望。对接手后是否需要创新的判断,并非完全建立在张瑞敏个人的主观臆断上,因为此前接手的三个厂领导都无功而返,这成为张瑞敏判断改变该厂经营和生产的重要现实依据。

于是,在 1984 年的 12 月份,张瑞敏正式接手工厂的当月,他果断决定让该厂退出原来的洗衣机生产,工厂的牌子正式更换为"青岛电冰箱总厂"。这标志着张瑞敏接手工厂后从普通家电产品向更具有市场竞争力的电冰箱行业彻底转变。

把原来的洗衣机厂换成电冰箱厂,这对于当时的张瑞敏而言,是一个巨大的挑战。20 世纪 80 年代初期,在人们的思想非常保守甚至顽固的情况下,这个大胆的创新并不能得到大多数人的赞同,甚至遭到许多人的反对,当时张瑞敏心中的复杂感情可谓一言难尽。固守企业原来的发展路子,能够得到许多人的认同和支持,但这是一条死胡同。而创新和改革,不仅会遭到众人的反对,而且还要承担巨大的风险。

尽管如此,现实逼得张瑞敏不得不这样变通。其实,他做出这个决定的时候,自己也没有百分之百的把握认为这种创新会成功。当时的国内根本就没有几家像样的电冰箱企业，这对于习惯跟着他人脚步走的中国早期企业家而言，这样的转变本身就是一种巨大的挑战。谁能保证这种转型一定可以成功并获得经济收益呢？此时的巨大压力只有张瑞敏自己知道。

张瑞敏曾说："海尔人只有创业没有守业。"这句话固然是在张瑞敏成功创造了海尔的巨大成就之后总结的，但是，这种随时随地创造新的企业发展资源的理念，则是从一开始就根深蒂固的。因为张瑞敏接手后的这个企业根本就无业可守，就算你不想创新、只求守业都没有这个机会。

这正应允了中国古人的那句话：逼上梁山。

但是，创新和变革也是一把双刃剑，由于创新需要面对完全陌生的领域，属于一个尝试性、探索性的阶段，必然存在许多不完善甚至漏洞之处，这往往成为企业发展中的巨大隐患。古今中外，我们可以发现无数的企业家成功于创新和改变，但是，也有无数的企业家毁于创新。在这个层面上，我们说，一个企业发展的智慧固然需要创新，但是，绝不能简单地把创新理解为一种走别人没有走过的道路，或者做出与此前不一样的姿态和动作。这种所谓的创新本质上是一种改变，并不具有科学的管理意义。

美国管理大师德鲁克曾说：创新就是创造一种资源。

西方管理学家的经典语录，与中国道家哲学文化中的"道生一、一生二、二生三、三生万物"颇为类似。张瑞敏对此一直掩饰不住个人的偏好，这与其说是对西方现代管理学思想的喜好和认同，不如说是西方管理文化与张瑞敏推崇的道家哲学文化之间具有相通性。

从表面上看，张瑞敏从哲学文化中领悟到的企业创新智慧，是一种技术革命和创新，因为他成功地实现了从洗衣机制造技术向电冰箱制造技术的转型，同时，也实现了从国内制造技术向西方工业技术的转型。

哲学家们常常说，人类只有在失去某种东西之后，才会发现这种东西的珍贵。张瑞敏要创新就意味着必须放弃此前某种东西，但是，他失去的并不是陈旧的技术，而是一个陈旧的管理观念。许多年之后，那些跟随张瑞敏一起打拼的人，回忆起当年张瑞敏放弃洗衣机、选择德国电冰箱流水线的时候，除了内心涌起对张瑞敏无限的敬佩和赞叹之外，更多的是一种心有余悸的后怕：假如当时的张瑞敏没有这样固执地坚持打碎旧的思路，创造新的企业发展资源，那么，中国损失的不止是一个著名的企业，而是影响一代企业家们发展的理念。

所以，在本质上，张瑞敏的这种做法，面对的乃是两种不同的企业文化：一种是濒临倒闭的僵化废弃的企业文化，另一种是内心正在孕育的挽救大厦将倾的崭新企业文化。如何把新的文化资源播种在旧文化体制上，就需要领导者以自己的文化观念为旧企业输入新的文化思想，创造一种新的能够激活旧工厂的文化资源。

创新不仅仅是改变目前艰难的状况，而是企业就目前的顽疾把脉诊断之后的对症下药。每个企业的发展在遵守市场规律的同时，还受到自身多种因素的影响。社会背景、消费水平、产品类型等都会对企业发展产生重要的影响，因此，企业领导者追求创新并不能简单地按照所谓的商业管理共性经验处理，还需要综合考虑企业自身的特点来决定如何创新。在这个意义上，对原来企业进行的一切改变，实际上就是打碎旧的企业文化制度，建立一种新的文化思想。

在张瑞敏决定创建新的文化企业体制之前，所谓的洗衣机厂已经没有任何的发展希望，在张瑞敏上班的第一天等待他的是50多名员工请求调离的申请，这对于一名习惯了"烧三把火"的新官而言，简直是莫大的羞辱。有哪一个企业家愿意在上任伊始就看到员工们纷纷作鸟兽散的样子？

关于这个事情有一个流传甚广的段子。说的是，张瑞敏第一次到工厂上任的时候,看到巨大工厂区内只有寥寥几个员工,而他们正在用拆下来的工厂旧门窗,生火烤山芋吃。面对这样的情况,张瑞敏只能重新创造一种新的企业资源,彻底斩断原来企业的那种农民式的生产状况。

仅仅把洗衣机厂的牌子换成电冰箱厂的牌子是不够的,张瑞敏需要做的是按照新的厂牌进行资源创造。他经过对当时国内市场的考察和深思,在做出把企业发展的第一桶金放在电冰箱上的决定之后,紧接着要做的就是如何破除职工旧的文化体制观念,人的观念一日不除,那么,再华丽的厂牌也只能是一种摆设。

张瑞敏接手这个工厂的年代是 20 世纪 80 年代中期,这是中国计划经济体制刚刚受到市场经济冲击的年代,国内市场与今天有着天壤之别。当时物资供应非常紧张,用今天的话说,属于所谓的卖方市场。电冰箱对于当时中国绝大部分家庭而言,虽然还是一种奢侈品,但是城市新兴的消费群体,已经开始具有强大的购买力,在这种情况下,电冰箱的销路应该是不成问题的。但是,就在这样的情况下,电冰箱厂居然出现了严重的亏损。这暴露出来的不是一般的市场饱和与消费购买力的问题,而是工厂从产品、生产到经营、管理上都存在着严重的问题。如此一来,张瑞敏需要创新的就只能是产品质量和管理这两个层面。前者是针对物而言,后者是针对人而言。无论是对物还是对人的创新,都面临着一个最基本的问题:旧工厂原有的传统文化的阻力。

在中国数千年的文化传统中,保持中规中矩一直是作为传统文化思想的正面例子来宣扬的。但是,追求规矩的极端往往导致僵化保守、因循守旧思想的泛滥。正是在这个意义上,对于国人保守落伍思想的批评成为中国文化创新的一大主题。所谓的改革创新举步维艰,其实在根本上就是因为改革是对传统文化的挑战,并非仅仅因为技术层面上的问题。

耐人寻味的是,张瑞敏的创新意识来自于面前已经不变不行的烂摊子这个现实。我们设想一下，假如当时的青岛电冰箱厂还没有如此病入膏肓，那么，对于张瑞敏的创新改革的决心是否有着重要的影响呢？

但是，历史不允许假设。张瑞敏铁了心对接手的电冰箱厂要从产品质量和管理体制上进行创新的动力，在很大一方面来自不得不改变、不得不创新的现实企业文化状况。

创新要从文化观念上改变旧文化观念，或者为旧文化阵地输入新鲜的文化血液。张瑞敏意识到改变目前经营和生产状况需要创新，但是，这并不是只有他一个人才有能力看出来的，此前来接手的三个厂领导也知道通过创新改变目前局面。不同的是，张瑞敏把创新定位在了文化观念上，而不是单纯的技术创新。张瑞敏对原来电冰箱厂的文化创新与众不同：

在文化观念上，他致力于改变原来工厂上班拖沓的作风，制定严格的规章制度。他对工厂管理发布的第一号文件就是著名的"海尔十三条"，由于其中明文规定了禁止员工在工厂内大小便而家喻户晓。当然，也有人对于这样的规定嗤之以鼻：这哪能叫做工厂的规定，简直是胡闹。但是，当时张瑞敏面对的工厂职工就是这个样子，很难想象张瑞敏当时为了创造新的企业发展资源付出了多少今人无法体会的劳动。

在产品文化上，他带人亲手砸碎了数十台有质量问题的电冰箱，为中国企业树立了以质量求生存的文化品牌意识。在砸冰箱之前，曾有无数员工和管理者反对张瑞敏的做法，因为当时的电冰箱价格不菲，虽然产品属于次品，但是，并不影响电冰箱的正常使用，而且并不是一两台的问题，而是七八十台。现在，要亲手砸碎这些辛辛苦苦生产出来的产品，这是一件多么令人痛心的事情啊。

其实，张瑞敏何尝不心痛呢？但是，如果不砸掉这些冰箱，就不能够在员工心中重新建立质量为生命的海尔发展理念，这个企业又要重新退回到原来的发展道路上。当时许多参与砸冰箱和在场观看的员工都流下了眼泪,但是,最痛心的还是张瑞敏,他虽然没有流泪,可是心里在流血。

另外,在工人文化上,他身先垂范关心体贴员工,建立了领导与工人之间沟通交流的渠道;在管理文化上,他并不盲目照搬西方管理制度,而是从中国道家哲学中汲取思想,一切管理皆随现实情况而改变;等等。

在大众的眼中,张瑞敏创造了海尔神话,今天,海尔已经不再仅代表一个具体的产品,而是本土和西方文化结合下的一种崭新的文化意识、思想、体系。张瑞敏在创造了海尔品牌的同时,更创造了海尔文化博大精深的文化资源。它不仅是海尔集团自身成长、发展的安身立命之本,同时,也成为我国当下企业如何实现由弱变强、从国内到国际的范本。

案例2 · 企业文化价值观念创新

张瑞敏曾经这样介绍他的海尔企业文化:"企业发展的灵魂是企业文化,而企业文化最核心的内容应该是价值观。一般外来人员到海尔来看到的只是文化外层,即海尔的物质文化(每年接待约40万人参观学习)。海尔将企业文化分为三个层次,最表层的是物质文化,即表象的发展速度、海尔的产品、服务的质量等;中间层的是制度行为文化;最核心的是价值观,即精神文化。一般参观者到海尔最感兴趣的是,能不能把规章制度传授给他们。其实最重要的是价值观,有什么样的价值观就有什么样的制度文化和规章制度,这又保证了物质文化不断增长。"[①]

张瑞敏对海尔企业文化的解释,让我们感受到了海尔文化创新中的核心理

---

① 胡泳:《张瑞敏如是说》,浙江人民出版社2005年版,第4页。

念——价值观念创新。

一切产品创造都来自于人的观念创新。从 1984 年正式接手电冰箱厂，一直到 1991 年，张瑞敏领导下的青岛电冰箱总厂只生产电冰箱一种产品。从产品类型的角度上说，张瑞敏并没有实现产品的创新。但是就在只生产电冰箱一种产品的 1984 到 1991 年之间，张瑞敏的价值观念已经完成了创新更替。有这样一个故事，可以见证张瑞敏创业文化观念上的转型和巨变。

2002 年，在海尔的一次内部培训会议上，面对 70 多位中层、高层经理，张瑞敏突然提出了一个看起来匪夷所思的问题，他说："你们说，如何让石头在水上漂起来？"

有人说："把石头掏空！"

有人说："把石头放在木板上！"

还有人说："做一块假石头！"

张瑞敏则告诉大家：石头依然是石头，而且没有木板，不允许造假！

海尔集团的副总裁喻子达则醒悟道："是速度！"

张瑞敏对众人揭开谜底："正确！是速度！"他接着说："《孙子兵法》上有句话：'激水之急，至于漂石者，势也。'速度能使沉甸甸的石头漂起来！同样，在信息化时代，速度决定企业的成败！在这瞬息万变的历史时期，不是先瞄准再射击，而是先射击后再瞄准。"①

这个普通的集团内部会议，让我们洞悉了张瑞敏儒商智慧中的文化价值观念上的创新意识。

石头怎么可能漂在水面上？这是常规思维无法理解和无法解决的问题，也是

---

① 林赛：《儒商张瑞敏》，现代出版社 2009 年版，第 12 页。

传统企业管理文化和经营智慧的常态。而中高层经理们的回答则体现了传统企业发展的文化价值观念。

"把石头掏空"是最常见的企业价值观念之一。能够漂浮在水面上的东西很多，一般我们想到的都是那些特别轻的物质，例如羽毛、树叶、杂草、树木等，抱着这种思维观念来做企业的领导，要让企业这块巨石能够浮在水面上，一定会减轻企业巨石自身的重量。

但是，在现实发展中，企业发展的最终目的并不是不断地减轻自身重量，而是要不断地加重自身。海尔集团从一个破旧倒闭的电冰箱小厂发展到国家级的企业，不仅自身越来越庞大，还能最终浮在了国际品牌的河面上，显然，依靠这种价值观念是完全行不通的。张瑞敏在带领海尔发展的过程中，从来没有这种单向的思维，没有因循守旧地发展电冰箱产品，否则，海尔的品牌也不可能诞生，更不会成就今天的海尔集团。

"把石头放在木板上"的价值观念相比较第一类而言，似乎并没有错。但是，这样的企业发展价值观念的不科学之处在于完全借助外力的作用。在这样的企业文化价值观念下，如果把海尔集团看做一块巨石，让这块石头漂浮在水面上的办法固然可以是借助外来的力量，例如西方的管理理念、西方的技术、高层管理人员、技师等，但是如此一来，在为企业注入强大动力的外部力量让石头漂起来的同时，海尔集团自身的发展也对外来力量形成了巨大的依赖。一旦外来力量撤走，或者因为周期性的金融危机出现，那么，海尔集团将不堪一击。

在 1998 年亚洲金融风暴和不久前的美国次贷金融危机面前，所有企业无不受其影响，甚至有一些著名的国际大企业因此垮台。其中一个非常重要的原因就是，这些企业过于依赖外部力量，一旦外部力量出现真空，那么，这个企业的命运只能有两个，要么在金融危机下垮台，要么受制于他人而艰难生存。海尔不是没有依靠过外来的力量，但是，张瑞敏把握住了外来力量的本末关系，借用了外来的技术而不是文化理念，好的技术必须要虚心学习，但是，企业发展的根本还是要依靠自己。也正是因为这个原因，海尔在两次世界性的经济危机面前，不仅挺了过来，而且，越做越大，越做越强。

"做一块假石头"。张瑞敏并没有对这个观念提出直接的批评，但是，让石头漂在水面上是否一定需要造假？我们让石头漂起来的目的是什么？如果我们仅仅为了让石头漂起来的现象出现，那么，只需要弄个假石头就行了。但是，漂浮起来不是为了昙花一现，而是为了让企业这个石头随着商品经济的大潮一直奔走漂流，这样一来，造假就必然露馅。

早在张瑞敏走上海尔的领导岗位之前，一次全国性的"推广华罗庚的优选法"运动，让他刻骨铭心。当时，全国浮夸风盛行，张瑞敏所在的单位当然也没能避俗。此次虚假行为给张瑞敏留下了深刻的印象，甚至在他后来回忆当年走过的道路之时，总是对此念念不忘。对于此次"造假"，他常常无奈而痛心地说："所有干的事情都可能是假的。"这样的经历让他在走上领导岗位之后，坚定地杜绝一切虚假行为，这也成为成就海尔后来的丰功伟业的重要因素之一。

张瑞敏创造的海尔品牌始终以质量取胜，以服务取胜，其坚持的文化价值观念与"假石头"有着本质的区别。否则，张瑞敏不会亲手砸烂数十台在当时价格不菲的冰箱，以此警示全体员工要从骨子里面树立"质量是企业生存的根本"的意识，也正是因为这个原因，海尔这块石头才可以实现越是沉重越能漂浮。

"速度"是张瑞敏让石头漂浮在水面的正确答案，也是他发展企业文化价值理念的一个缩影。

在张瑞敏看来，古人讲究激水之急，至于漂石者，势也。这是一种完全不同于常规文化价值理念的体现，石头本身太重无法漂起来，而且在自身重量不能减轻、不许借助外力的情况下,几乎没有漂浮起来的可能。但是,这仅仅是把眼睛盯着石头很重这个前提下得出的结论。如果换一种方式来思考,答案则完全不同。石头的大小并没有限制,石头所在河流也没有限制,那么,如果我们通过加快河流的速度,就必然增大了河流能托起物体的重量,平静的水面也许只能让小草、羽毛漂浮,但是,急速的河流则可以让巨石漂起。张瑞敏的管理智慧看起来是如此的不可思议,同时,又是如此的简单明了。这正如老子的道,看起来是不可言说的无形无影,但是,由此滋生孕育的道理则是千变万化、无穷无尽。

张瑞敏依靠从中国古代哲学文化中吸取的思想资源,运用道家哲学"道生一、一生二、二生三、三生万物"的原理,把海尔集团作为一个大海,在其中孕育了中国企业现代发展的无穷智慧。没有他的文化价值观念上的创造、创新,就不可能有后来的成功。正如美国《财富》杂志如此称赞张瑞敏的文化价值观念创新:张瑞敏是一位充满现代精神的企业家,他利用中国古代哲学思想,把一个困难重重的企业扭转成为商战中的赢家。

本章启示

一直到今天,在谈论张瑞敏和他亲手缔造的"海尔神话"的时候,企业家和评论家们往往喜欢对张瑞敏的生产智慧、管理智慧、经营智慧、创新智慧追本溯源,然后在这个基础上把张瑞敏定位成一个无所不能的企业家。

我们不能否认张瑞敏创造"海尔神话"中的惊人天赋和卓越领导能力,但是,我们不应该只是单纯地羡慕和叹服,而是要真正学到张瑞敏的管理精髓。在我看来,学习张瑞敏最重要的不是学习他那些现成的管理技术,而是应该理解张瑞敏的文化价值观念,应该弄明白张瑞敏的创业智慧来源于何处。只有弄清楚这个问题,我们才可以真正了解张瑞敏,学习到张瑞敏的商业智慧。一切现成的海尔经验,我们都无法照搬到其他的企业中去;一切海尔的规章制度也许对其他企业都不起作用,甚至弄巧成拙。而张瑞敏企业文化智慧则是不变的法则,是任何企业家都可以仿效的法宝。

这并不是说企业家们只要把张瑞敏看的那些书翻看一遍就可以获得同样的创业智慧,同样的书在不同的人看过之后,获得的经验也会有着天壤之别。比如张瑞敏的很多思想来源于《道德经》、《孙子兵法》,国内企业家中看过这两本书的人何止千千万万?但是,他们为什么没有获得像张瑞敏一样的成就呢?从根本上说,排除个人悟性这个客观因素之外,剩下的最重要的问题在于有的企业家过于急功近利,急于想从书中找到一个放之四海而皆准的真理,这就暴露了我们的企业家并没有真正理解企业,换句话说,仅仅把企业当作用来赚钱的工具,把企业智慧看做一种投机取巧的商业阴谋。

要想真正做好企业,要想真正学习到企业发展智慧,就应在内心真正树立企业的核心是文化,文化孕育了企业,也孕育了企业发展智慧的观念。张瑞敏认为,企业发展的灵魂是企业文化的观念,这可以为我们今天的企业家获得创业智慧提供重要的启示:

第一,文化孕育了企业。缔造一流的企业,就必须打造一流的企业文化。只有从观念意识上树立这样的意识,然后在实践中构建一个系统完备的企业文化体系,才有可能为企业建立安身立命之本。张瑞敏对包容万物、生生不息的道家哲学的体悟,就是他创造海尔神话的文化本源。

第二,企业文化要有竞争力,要经得起商业实战的检验,创新性是企业文化竞争力的核心。一个优秀的企业领导人在利用文化构建企业大厦的时候,既不能把陈旧落伍的文化用来作为企业智慧生产的基地,更不能把先进文化当做一种装饰品和点缀,而是要从企业文化中汲取创新的因子,由此运用到企业发展实践中去。

第三,通过模仿他人企业发展成功经验而获得的智慧不是真正的智慧,真正的企业智慧来自于生生不息的文化哲学,无论是道家哲学还是儒家哲学。那种仅通过参观海尔集团,翻录企业文化构建系统,照搬企业管理经验的企业家,或许可以让自己的企业获得一定的进步,但是,永远创造不出另一个"海尔神话"。

海尔的智慧源自"无"

有生于无

《道德经》云："天下万物生于有，有生于无。"这句经典哲学理念在张瑞敏的创业智慧中占有特别的地位。

曾经有人如此问张瑞敏："企业家首先应该懂哪些知识？"张瑞敏的回答是："首先要懂哲学吧！"张瑞敏在老子的道家哲学与商业实战经验之间构建了血脉纽带关系，成功地把哲学思想融入到企业经营中。有经济学家曾如此评价张瑞敏缔造的海尔经营哲学，宣称"不用哲学看不清海尔"。张瑞敏对于《道德经》中"有生于无"的哲学理解、运用，可谓独辟蹊径，这也成为张瑞敏缔造"海尔神话"智慧宝库中的又一个重要元素。

海尔的诞生和成长经历了从无到有的过程。张瑞敏接手青岛家电公司之前，上任领导曾如此告诉他这个企业的情况：

八点钟上班，九点钟就没人了，十点钟扔个手榴弹，保证炸不死一个人的鬼地方，下雨必须要用绳子把鞋绑起来，否则鞋子就会被烂泥拖走的烂泥路。谁去都死定了。企业欠债 147 万元,半年没发工资,全厂共有 600 多名工人,但有 50 多人要求调走。

不可思议的是,在张瑞敏接手之后,这个不仅一无所有甚至负债累累的企业,就实现了从无到有的翻天覆地的转变。有报道指出,1984 年张瑞敏接手后的海尔营业额为 348 万元,而 2004 年海尔创下了全球营业额 1016 亿元。仅仅 20 年的时间,企业营业额增长了近 3 万倍,销售收入年平均增长 80%。这一增速,在美国《家电》杂志对世界主要家电企业的调查中名列第一,远远超过西门子、通用电气等著名企业。[①]

海尔能够从无到有,其中蕴含了张瑞敏的商业哲学智慧。作为临危受命接手倒闭企业的领导,他首先想到的是如何能够对这个一贫如洗、负债累累的企业进行挽救,但是,绝不是仅仅救活这个企业,因为这个目标实在是过于平庸和短浅。在张瑞敏的观念中,要把这个烂摊子打造成为中国的第一品牌,这在本质上是一种从无到有彻底再造的过程。结果,张瑞敏让企业所有工人在当年拿到了工资。

从无到有并不是一种天上掉馅饼式的暴富。任何事物的发展都遵循一个颠扑不破的真理,那就是从无到有必须是一个量变到质变的逐步积累的过程。海尔建立在一片废墟之上,但是,海尔并不是天外来客,因为此前的青岛家电公司已经为海尔的创立提供了最基本的物质基础。该厂有 600 多名员工,虽然企业设备陈旧落后,但是,工人的生产技术还是具有一定基础的。

许多人在倾听海尔神话的时候,往往忽视了一个非常重要的细节,那就是张瑞敏在青岛家电公司这个烂摊子上建立了"海尔神话",但是,他并没有在接

---

① 林赛:《商儒张瑞敏》,现代出版社 2009 年版,第 3 页。

手后把原来工厂的所有员工一律清退，也没有把原来的设备全部砸烂。工厂还是那个工厂，员工还是那些员工，设备还是那套设备，唯一不同的是领导换了。

那么，这说明了一个什么道理呢？"海尔神话"的缔造并非是张瑞敏这个"巧妇"做了"无米之炊"，而是"借鸡生蛋"。张瑞敏接手之后，做的第一件事情就是针对该厂纪律松散、作风不正的弊病，专门制订了一套员工必须遵守的行为规范，这些规章制度的实施，立刻改变了工人们原来的工作态度。在这个基础上，张瑞敏对产品生产、经营、销售等方面进行了大刀阔斧的改革，实现了使原来的工厂脱胎换骨的转型。这个转型的背后，从表面上看，是领导的才能和技术手段，其实，在深层上，则完全是一种在企业文化和理念上的转型。此前的工厂领导和工人并不是不想把工厂做大做强，而是没有先进的文化理念；相反，在落伍、陈旧的文化价值观念指导下，整个企业如同一匹奄奄一息的老马，因为不堪重负而倒在路边。但是，张瑞敏没有让这匹马继续背负沉重的负担，而是先医治这匹马身上的旧疾。因为在张瑞敏看来，这匹马并不是病入膏肓，而是因为饲养不当导致它出了问题，只要采取一系列的管理措施就可以彻底治愈这匹马身上的疾病，让它再次站立起来。

张瑞敏把一个烂摊子企业缔造成为"海尔神话"，这是一种从无到有的本质变化，变化的背后不是让企业家像变戏法一样倒空卖空，而是善于用文化哲学的理念去改造旧的企业，往里面填充新鲜的价值观念。如此一来，企业看起来还是那个一无所有的企业，但是，不久的将来，必然产生你所想拥有的一切。惟其如此，"有生于无"并不是一种故弄玄虚，而是以文化哲学充塞其间，虽然看起来什么也没有，然而这种"无"并不是"没有"，而是一种包容一切"有"的"无"。

这正是张瑞敏企业发展智慧产生的文化源头。

案例 1 · 夫唯不争, 故天下莫能与之争

《道德经》云:"天之道,不争而善胜,不言而善应,不召而自来。"又云:"夫唯不争,故天下莫能与之争。"在商业竞争如战场的报道渲染中,企业领导往往被描绘成带领千军万马与敌人恶战的将军,血腥和残酷都无法避免,怎么可能不争而胜呢?

张瑞敏用他经营和管理海尔的经历,为中国古典哲学中蕴含的经商之道作了最好的注解。

张瑞敏在经营海尔上表现出的"不争"智慧,指的是不去争抢那些华而不实的虚名。

张瑞敏在接手破旧的家电厂之前,是青岛市家电公司副总经理,这位年轻的经理凭借着自己的勤奋和努力,深受单位高层的赏识。

不难设想,张瑞敏在这条道路上有着非常开阔的前景。局长让他接手青岛日用电器厂这个烂摊子,张瑞敏虽然心里没底,但是,他并没有为了自己的前途而拒绝。这种个性注定了张瑞敏在此后的企业经营中,不去追求那些浮华的虚名,而是既然他接手了这个企业就要把它做好,就要把产品质量和服务做到家。

张瑞敏"不争"而胜的成功在于审时度势,把握了社会对家电需求的历史必然趋势。在这个意义上,张瑞敏并不是不争,而是对家电市场需求做到"寸步必争"。他上任之后的第一个重要举措,就是引进德国先进的生产流水线,使得这个烂摊子企业获得了电冰箱行业最雄厚的物质技术基础。

人算不如天算。在张瑞敏满怀希望地决定上马电冰箱项目之前,当时全国已经确定了 40 个定点电冰箱厂,这个情况无异于告诉张瑞敏,国家引进项目的大门基本上要关闭了。这个情况对于一般企业领导而言,应该决定放弃了,但是,张瑞

敏不甘于乖乖接受这样的结局。他既然接手了这个烂摊子,就树立了让它成长起来的信心。而当前要改变企业亏损严重的最现实办法,就是引进先进的生产流水线。而在20世纪80年代初,中国经济刚刚开始复苏并将迅速崛起的时候,城市消费水平正在蒸蒸日上,张瑞敏发现了其中蕴藏的巨大商机。于是他要不惜一切代价拿下这个项目。

张瑞敏身上这股当争必争、不当争则放弃的素质,并不是一天养成的。此前,他的青春时代正值"文革",学校都"停课闹革命"了,更别说上学学习知识,就连那些有知识、有学问的人都被作为反面典型而屡遭迫害。但是,张瑞敏在这种动荡的环境下,始终坚持上职工夜大,为了学习知识,他常常顾不上吃饭,风雨无阻,这一学就是五年。依赖这种分秒必争的精神和顽强的毅力,张瑞敏在那个动荡的年代里获取了一肚子的知识。这也成为他以后成功踏上企业管理岗位,运筹帷幄的重要基础。

凭借这种"不该争就放弃、该争则不放过"的精神,张瑞敏决定在北京蹲守。虽然轻工部的领导告诉他基本上没有希望获得电冰箱定点项目了,但是,只要国家没有正式宣布停止一切企业引进项目,他就还存在最后一丝希望。因为他在这个问题上始终坚持毫不退守、寸步必争的原则。恰恰是他的争取,成就了张瑞敏"海尔神话"的基础。

在北京蹲守的那段日子,张瑞敏每天总是第一个满怀希望地去部里询问,但是,等待他的是一次又一次的失望。每天看着北京街道上匆匆而过的人流,张瑞敏内心的热情一点一点地减退。虽然希望渺茫,但是,他却没有彻底绝望。他始终坚信总有一天会得到他想要的东西。

这一天,张瑞敏如平常一样在部里蹲守。正所谓天道酬勤,非常巧合的是,当时德国利勃海尔项目来中国寻找合作,因为该公司负责人到中国的时间比较晚,没有赶上与其他众多著名国企合作的机会,等他们来到中国之后,发现已经错过了正常上交的时间。结果歪打误撞,正好赶上张瑞敏蹲守寻找合作项目。张瑞敏在狂喜中立即上交了所有需要的材料,然后在不安中回青岛等候消息。当然,张瑞敏回到青岛之后,并没有采取消极的死守等待的方式,而是不断地到轻工部、到省里去争取,反复和上级领导陈述该项目的引进对于整个青岛市轻工业发展的重大意义。

正是靠着张瑞敏的这种"不争无谓、只争企业命脉发展"的道家哲学智慧,在幸运之神的庇佑下,张瑞敏争取到了国家批准利勃海尔这个项目给青岛的机会。然而,成功签下利勃海尔之后,一个更大的困难也在等着张瑞敏去解决。

当时利勃海尔的项目需要资金 900 多万元,而当时张瑞敏的企业能够从银行贷款 10 万元已经是天文数字了,而就这 10 万元,还是张瑞敏费尽口舌才好不容易争取到手的。但是,区区 10 万,在 900 万面前简直是九牛一毛。

怎么办?张瑞敏拼命争取项目的精神再次挽救了他。仅仅依靠某一两家银行贷款,或者用老办法向农民借钱肯定是不行的,吃掉利勃海尔这个大螃蟹,显然张瑞敏需要更多的帮手,为此,他必须争取到更多的援军,避免自己孤军奋战。

在 1984 年 12 月的一天,在青岛的一家饭店里,张瑞敏专门请来了领导、专家来论证这个项目。大家围坐在一起面面相觑,谁都明白,张瑞敏这一次的胃口太大了,900 万很可能撑破他的肚皮,让他一败涂地。考虑到责任重大,谁也不愿意主动站出来支持张瑞敏。相反,大家一致把担忧和焦虑对准了张瑞敏。张瑞敏并没有生气,他完全理解大家此时的心情。但是,他更要让大家明白自己的想法,经过一番诸葛亮舌战群儒式的激烈辩论,一向低调的张瑞敏以高姿态征服了大家,大家终于被他的真诚、魄力、远见所说服,纷纷献计献策,最终搞定了这至关重要的 900 万元资金。

张瑞敏恰到好处地摆正了争和不争的关系,在浮华的虚名面前,他选择了主动放弃,这是他韬光养晦的表现;在事关企业生死成败的关键问题面前;他选择了拼命争取。两者看起来是矛盾对立的,其实在本质上是一样的。正因为张瑞敏在一些无关紧要问题上的不争,才显示了他看问题本质的能力,为更好地争取聚集了必要的能量;正因为他在关键问题上的寸步不让,才使得他对那些浪得虚名的东西不屑一顾。这是企业家张瑞敏的大智慧,更是中国古代老庄哲学的智慧。

案例 2 · 不敢为天下先

面对张瑞敏创造的神话般的成就,人们很难想象他会表现出如此的淡定和低调。他曾这样说:

做企业你永远处在弱势,如果你能把自己放在一个弱者的位置,你就有目标可以永远前进。老子曾说过这样一段话,对我影响很大。老子说:吾有三宝,一曰慈,二曰俭,三曰不敢为天下先。[1]

张瑞敏的"不敢为天下先",究竟应如何理解呢? 难道海尔的成就算不上中国电冰箱行业的先进吗?

在 1989 年,中国的家电市场突然出现了令人振奋的"黄金时代",改革开放后的市场经济刺激政策,不仅瓦解了旧的经济体制的束缚,而且推动了中国家庭的普遍富裕。拥有家电产品不再是一种奢望,而是中国绝大多数家庭衡量生活水平高低的最重要标尺之一。国内家电市场俨然呈现了一种井喷的局面。

这不仅乐坏了传统家电企业的老总们,新兴的家电企业如同雨后春笋一般,几乎在一夜之间遍布中国南北大地,制造家电成为净赚不赔的行业。而国内的家电

---

[1] 林赛:《商儒张瑞敏》,现代出版社 2009 年版,第 222 页。

市场上各种品牌的家电产品则令人眼花缭乱。有的家电企业几乎是 24 小时加班加点地生产,大有满世界都是银子,随手都可以捞一把的形势。

在家电行业已经稳稳站住脚跟的海尔,当然成为这次家电勃兴时代的受益者。看着市场销售份额的突飞猛进,海尔人开始感受到内心的躁动和兴奋。张瑞敏对此有着深切的感受。他看着眼下如此美好的局面,也难以掩饰内心的兴奋。

"扩大海尔家电生产数量,抓住眼前机会狠狠地大捞一把。"这几乎成为每个海尔人最渴望的事情。张瑞敏何尝不想这样。但是,海尔从一开始就确立了质量取胜的理念,而加速生产必然受到质量的制约。怎么办? 面对市场的诱惑,是"开闸放水"呢,还是依然紧闭质量这道闸门,坚决走质量之路呢? 这是摆在张瑞敏面前的一道难题。

这确实让张瑞敏踌躇了一番。海尔的质量本来就高于国内一般企业家电产品,就算海尔稍微开闸放水,也不会对海尔家电产品产生致命的危害,张瑞敏对此心知肚明。但是,他又想起了当初全体员工砸掉次品电冰箱的一幕。既然海尔决定了走质量取胜的道路,那么,就不应该只看到眼前的诱惑而放弃安身立命之本。熟读老子的张瑞敏,在此时想起了道家哲学中祸福相依、阴阳互动的哲理。眼下令人兴奋的市场局面,只能是一时的,从商业发展规律而言,绝不能一直出现这种井喷式的局面,井喷过后,市场必然疲软,企业想在那时候仍能幸存,只有靠质量。

于是,张瑞敏力排众议,果断地决定不因为市场的诱惑而降低哪怕是一点点的质量,坚决不因为市场好而突击生产家电。

不敢为天下先,并不是消极地看着别人进步,然后跟在别人后面效仿,而是因为心怀谦卑,与万物无争,才能够发现和学习别人的长处,弥补自身的缺陷。

据历史记载,孔子曾经到太庙参加过鲁国国君祭祖的典礼。走进太庙后,孔子便向别人询问许多他不明白的事。于是有人讥笑他,这算什么"圣人"啊,简直是

"盛名之下，其实难副"。但是，孔子听到他人对自己的嘲讽，并不生气，而是诚恳地说，我确实对于许多事情都不明白，就应该坦白地承认并学习。

张瑞敏的聪明才智可谓卓越，但是，他心怀谦卑之心，善于把自己放在弱者的地位，总是寻找自身不足的素质，算得上是得到老子的真传，而且，成为中国企业家当中少有的如此谦卑的成功人士。这正是他精研《道德经》的哲学体悟，同时，也是他成功创办企业的重要保证。他知道自己企业面临的种种困难，知道自己企业的弱点和软肋，才能够积极吸取他人的先进之处。否则，他就会盲目自大地停留在国内落后的生产水平和管理水平上，既不会想方设法去引进德国的利勃海尔，同时也不会在电冰箱成功之后进军冰柜、空调等其他家电行业。

事实证明，张瑞敏当时的做法是明智的。进入 20 世纪 90 年代，家电市场突然处于暂时的饱和状态，那些突击上马的家电企业，不得不通过大量降价抛售的方法以挽救企业。但是，由于此前家电生产数量的暴增，消费者的购买力遭到恶性损耗，一时间市场上是家电成灾，各种名目的家电品牌无不挣扎在死亡线上，而海尔人却依然保持着旺盛的消费市场。归根结底，这是"不敢为天下先"的巨大作用。

这是张瑞敏用来警醒自己保持清醒，不要骄傲自满，正视自身不足，多从不足之处着眼，少夸耀自己成绩的座右铭，也是伟大企业家必备的素质；同时，也是睿智的领导人带领企业发展壮大中的巨大智慧。难能可贵的是，他保持谦卑和冷静之心，并不是一种外表的装饰，而是真正发自内心的体悟。这从他如下的话中可以得到鲜明的验证："有的企业突然上来、突然就完蛋了，像爱多。这样的故事太多了。巨人、秦池等等，其兴也勃，其亡也忽。我们看到周围壮烈牺牲的太多了。人都有七情六欲，一件事干成了总是非常兴奋，但兴奋之余怎么能保持冷静就是大问题。我从小就喜欢冷静思考，心里再激动，做起事来也想求稳。"

张瑞敏坚持不敢为天下先的理念，并不仅仅限于 20 世纪 80 年代末那次狂热的家电市场,在进入 90 年代之后,尤其在 1993 年,中国国内市场突然开始了房地产的勃兴。许多企业要么改头换面全面进军房地产业,拼命地兴建楼盘;要么,挪出资金把房地产作为新的行业。张瑞敏敏感地捕捉到这个行业存在着巨大的利润空间,如果发展这个行业,赚钱是肯定的。但是,一旦进入又必然导致海尔家电品牌的弱化,这个品牌是张瑞敏带领全体职工用了 10 年的心血辛辛苦苦打拼出来的金字招牌,一旦因为房地产上的利润而失去,那么,海尔很可能从此就失去了东山再起的机会。

多少年后,张瑞敏在回忆起这件事情的时候,几乎是有点后怕地说:

"思想上稍微守不住防线,企业决策就错了,那海尔就不再是今天的模样了。做事应该不争一日之短长。我做事是有目标的,不达到这个目标我就不走神。俗话说"将军赶路不追小兔",可能许多人都认为我有点保守,觉得我太求稳,其实我主要是想创新,就跟自己驾车在高速公路上狂奔一样,既想高速又想稳定。"①

张瑞敏在关键时候不冒进的素质不仅成就了海尔事业,而且帮助海尔屡次在风口浪尖上却没有倒下。从企业文化的层面上说,要得益于张瑞敏对道家"不敢为天下先"的深刻领悟和实践。这为海尔集团积蓄了必要的能量,没有陷入四面出击而自顾不暇的失败境地。这正是张瑞敏抓住了现代企业兴衰成败的一个重要规律而做出的应对。这种老老实实学习的目的,并不是一辈子就蛰伏在别人成功的屁股后面,而是最终为了实现为天下先! 这就是日本松下集团成功的经营哲学: 水坝式经营。

"维持企业的稳定成长,是天经地义的事。为了使企业确实能够稳定地发展,'水坝式经营'是很重要的观念。水坝除了储蓄河水,以保护流域免受灾害之外,还

---

① 胡泳:《张瑞敏如是说》,浙江人民出版社 2005 年版,304 页。

能保持一定的水量以防止干旱,使农作物丰收,而且也兼具发电供电功能,可以收到多元性的效果。经营公司与此相同,如果公司各部门都能像水坝一样,一旦外界情势有了变化,也不会大受影响,而能够维持稳定的发展。设备、资金、人才、库存、技术、企划和新产品开发等,都需要日常储备,即都需要有'水坝',发挥其功能,这就是'水坝式经营'的观念。换句话说,在经营上,各方面都要保留宽裕的运河弹性。"①

1997 年,日本松下代表团成员访问青岛海尔,在交谈中,张瑞敏对日本松下代表团成员说出老子的"不敢为天下先"的哲学管理观念之后,深受日方成员赞叹。日本代表团中的中岛诚一听后十分钦佩,他的翻译也真实地反映了张瑞敏的对"不敢为天下先"的真正内涵:

"一曰慈,就是他坚持以人为中心的人本管理,因而形成了海尔今天的凝聚力;二曰俭,不主张奢侈;三曰不敢为天下先,实际是提倡老老实实学习,积攒了实力,最终才能为天下先!"②

本章启示

道家博大精深的哲学给张瑞敏提供了取之不竭、用之不尽的创业智慧。正如同他创办的企业从零开始,最终却成为中国大地上最伟大的家电大厦一样,张瑞敏的创业之路充满着艰辛。同时,这也是一笔宝贵的精神财富,让我们今天的企业家学习。

---

① 潘竞贤,周来阳:《松下幸之助管理日志》,中信出版社 2010 年版,第 70 页。
② 胡泳:《张瑞敏如是说》,浙江人民出版社 2005 年版,303 页

世界上本来就没有常胜将军，任何人的能力都是有限的。张瑞敏属于企业领导中的佼佼者，但是，他同样不是无所不能的。因此，他想取得成功就必须正视自身的不足。为此，张瑞敏从两点完成了"自我救赎"：一方面，张瑞敏对待成功采取了道家哲学中宠辱不惊的心态，以平常心对待胜利和成功，绝不迷恋身边的物质利欲享受，做到了一种真正的内心淡定从容。另一方面，想做家电企业的领导者，就必须摆正心态，认识到自己的不足，要把自己放在弱者的地位上，做到蓄势待发，这样才能最终完成成功一击。

放眼今天的企业界，大凡企业做得比较成功者，往往以成功人士的姿态出现在社会上，头顶无数的光环，身披无数的荣耀，摆阔招摇。但是，张瑞敏面对自己取得的巨大成就，丝毫没有唯我独尊的姿态，仍然如同平常一样淡定从容，把名利看得非常淡。这既是一种修身养性，同时，也是企业文化中道家哲学以柔胜刚、以弱胜强的反映。对此，张瑞敏曾说：

"中国的企业家有许多非常宝贵的失败教训可供总结，其中一个最大的教训是决策人的头脑发热，导致决策失误，小胜即骄傲，大胜更骄傲，一次一次吃亏。我绝不比那些失败了的企业家更聪明，但在我身上有两大财富：一是我自己当过许多年的被管理者，而且是一个平时爱琢磨的被管理者，因此，我清楚地知道一个企业内部的管理机制漏洞在哪里，如何避免；有的企业家没有当过被管理者，因此，他不知道公司内部的漏洞在哪里。二是我认为对于企业的领导来说，个人的心态是否正常、冷静是非常重要的，我个人欣赏一句话"淡泊明志，宁静致远"，人心不静、趋名逐利的时候，决策很容易变味、偏向。"

张瑞敏正是因为看到了自己的不足和漏洞，所以才能以道家"无"、"不争"的姿态去创造"有"、"天下先"。这至少能给今天的企业家如下几个重要的启示：

第一，追求成功，要先理性对待自身的不足和弱点，做到自知之明。这看起来是做人的基本素质，其实到了企业家身上往往变得非常困难，不仅在特殊的位置上，往往引发个人内心的骄纵，而且身边阿谀奉承之人也会给领导灌输迷魂汤。企业家难以跨越的往往不是生产和管理中的困难，很可能是荣誉和骄傲。

第二，心态要从容淡定，做到宠辱不惊。在荣誉面前固然不要骄傲，在困难面前也不能自卑。张瑞敏做到了常怀谦卑之心，就是保持了一种道家哲学素朴之心，故天下莫能与之争的经营理念。不争肤浅的东西，是为了争取更有价值的事业；不为物质所诱惑，是为了获得更大的企业利润。张瑞敏历经了无数的困难，这种从容淡定的心态是帮助他成功的重要原因之一。

第三，蓄势才能待发。张瑞敏看起来有点保守的管理和经营理念，是他建立海尔成绩之后没有迅速垮掉的支柱。以退为进、以柔克刚、以弱胜强，这是张瑞敏熟悉而且运用的创业智慧，既然任何事物都遵守从小到大、从弱到强的规律，那么，张瑞敏的保守和稳健就是企业健康发展必须具备的条件。

第三章

海 尔 是 海

海纳百川

在中国道家文化哲学中,道如同大海一样的广博无边,无影无踪。在平静的时候,柔弱温顺,但是,当暴风骤起之时,汹涌狂暴之力又无可阻挡。

海尔就是这样一家企业,在张瑞敏淡定从容的领导下,把自己放在弱者的地位,以卑谦之心平静地对待同行,然而其中蕴藏的巨大能量则是企业劈波斩棘、不断前进的内在驱动力。从中我们也看见了张瑞敏对企业用人机制的认知观念。

1996 年,张瑞敏写了一篇散文:海尔是海。这篇直抒胸臆的文字体现了张瑞敏对道家哲学精髓的体悟,以及把海的哲学运用于企业生产、经营、管理之中的独到智慧。

海 尔 是 海

海尔应像海。唯有海能以博大的胸怀纳百川而不嫌弃细流;容污浊且能净化为碧水。正如此,才有滚滚长江、浊浊黄河、涓涓细流,不惜百折千回,争先恐后,投奔而来。汇成碧波浩渺、万世不竭、无与伦比的壮观!

一旦汇入海的大家庭中,每一分子便紧紧地凝聚在一起。不分彼此形成一个团结的整体,随着海的号令执着而又坚定不移地冲向同一个目标,即使粉身碎骨也在所不辞。因此,才有了大海摧枯拉朽的神奇。

而大海最被人类称道的是年复一年默默地做着无尽的奉献,袒露无私的胸怀。正因其"生而不有,为而不恃",不求索取,其自身也得到了永恒的存在。这种存在又为海中的一切提供了生生不息赖以生存的环境和条件。

海尔应像海,因为海尔确立了海一样宏伟的目标,就应敞开海一样的胸怀。不仅要广揽五湖四海有用之才,而且应具备海那样的自净能力,使这种氛围里的每一个人的素质都得到提高和升华。海尔人都应是能者,而不应有冗者、庸者。因为,海尔的发展需要各种各样的人才来支撑和保证。

要把所有的海尔人凝聚在一起,才能迸发出海一样的力量。这就是靠一种精神,一种我们一贯倡导的"敬业报国,追求卓越"的企业精神。同心干,不论你我;比贡献,不唯文凭。把许许多多的不可思议和不可能都在我们手中变为现实和可能,那么海尔巨浪就能冲过一切障碍,滚滚向前!

我们还应像大海,为社会、为人类作出应有的奉献。只要我们对社会和人类的爱"真诚到永远",社会也会承认我们到永远。海尔将像海一样得到永恒的存在,而生活于其间的每一个人都将在为企业创一流效益、为社会作卓越贡献的同时得到丰厚的回报。海尔将和整个社会融为一个整体。

海尔是海。

古人说:海纳百川,有容乃大。大海的力量正在于能够以包容的胸怀接纳一切，把涓涓细流汇聚成为无边无际的海洋，这才聚集、产生了巨大的能量。张瑞敏凭借个人的创业智慧，把一个濒临倒闭的企业建成中国首屈一指的品牌，如此超强的领导能力一直让我们敬佩不已。但是，如果以此认为张瑞敏完全是凭一己之力支撑起了整个"海尔神话"，并不符合张瑞敏创业智慧的基本理念。

如果说20世纪80年代海尔的缔造，可以归功于张瑞敏一己之力的话，那么，在海尔崛起之后，尤其是20世纪末开始，张瑞敏大力提拔的一大批年轻有为的干部，则成为海尔发展的中流砥柱。此时的张瑞敏已经成为一个驾驭全局的高级统帅，运筹帷幄，指导整个战略发展的方向，这是一种极其高明的领导艺术和创业智慧，是需要大海一样包容的胸怀才能做到的。

海洋哲学的另一大奥妙在于源源不断地产生新的能量，具有可持续发展的永不衰竭的动力。对于一个企业而言，想让企业永远立于不败之地，除了具有广纳人才、包容一切的宽阔胸怀之外，还需要让这些人才能够全面发挥作用。正如大海拥有无限的能量来自于无限的水一样，当我们想分辨出究竟是哪一滴水在发挥着作用，是永远不会得到答案的。正是每一滴水相互凝结起来才构成了汹涌的波涛。

这是大海的哲学，也是张瑞敏发展海尔的哲学。对此，张瑞敏曾经这样说："海尔好比一座雄伟的大厦，五万海尔员工每人都有自己负责的一块玻璃，没有精彩的细部，就没有雄伟壮观的全局，没有干净的每一块玻璃，就没有亮丽的整个大厦。"

大海中每一滴水的作用和海尔大厦中每一块玻璃的作用是完全一样的，聪明的领导人不是要刻意地标榜自己如何的伟大，而是要让整个企业员工都能作出自己的努力和贡献，让员工们像大海中的水一样，只有集聚起来，才能发挥惊人的力量。

案例1·永无止境的变革力量

海尔集团常务副总裁柴永森的成长经历,很好地见证了张瑞敏运用海的哲学培养、驾驭人才,让海尔不断滋生新的力量。

柴永森来海尔的时候刚过 20 岁,毕业于当时的上海机械学院,被分配到海尔做了一名普通的科员。此后,做过国产化办公室、出口公司的领导,经过长期的实践锻炼和领导岗位的磨炼,1995 年,年仅 32 岁的柴永森获得了人生最大的一个转机:出任负债率高达 143% 的原青岛红星电器厂的总经理。

柴永森深感身上责任的重大,但是,这也是一个难得的机遇。因为同样在 10 年前,正是他现在的领导张瑞敏临危受命接受青岛家电公司的烂摊子,才有了今天的海尔集团。那么,他能否像他的领导张瑞敏一样,把红星再次改造成为另外一个海尔呢?

张瑞敏当时接手青岛家电公司是孤身一人,上级没有给他任何的资金和设备。同样,张瑞敏慧眼识英雄,凭借他对柴永森能力的了解,张瑞敏只让他和两名同事去接手红星,并且告诉他:到红星去除了你们三个人以外,不会再给你们其他有形资产,不是集团没有钱,是因为红星原来既不缺钱,也不缺设备!

柴永森接受任命后,利用海尔文化管理理念,对红星进行了大力的改造,在兼并这个企业后的第一个月,亏损了 700 万元,第二个月减亏到 500 万元,第三个月减亏到 150 万元,第四个月扭亏为盈,第五个月盈利 150 万元。这就是海尔发展历史上著名的"吃休克鱼"的案例,当时美国哈佛大学研究人员并不相信其真实性,直至亲自翻看了海尔的账本之后,才心服口服地将其收录到哈佛大学工商管理的案例中。

对柴永森的任用,体现了张瑞敏在用人方面的智慧。许多人一相情愿地认为这只能说明两位领导者的聪明和睿智,其实不然。张瑞敏任用柴永森自然了解柴的个人能力,否则,绝不会把这个烂摊子交给他,因为那样的后果只能让烂摊子更烂,但是,张瑞敏用人最成功之处在于激活了人的潜能。换句话说,在海尔集团内部,具备柴永森这样能力的人并不是一个,关键是你能够给这样的人才提供一个平台,让特殊的环境激活他的能力,这样才可以保证整个企业一直保持着一种旺盛的生命力。这才是一个企业在用人方面最需要做的基础工作。

综观我们身边的企业,在人才理念上,完全是唯高学历论、唯洋学历论,高学历者往往是具有相对高的能力,但是,这并不意味着他一定适合某个岗位。而且,一个企业要保持长期的可持续发展,最需要的是创造一个激发人的潜能的环境,而不仅仅是人才本身。张瑞敏让柴永森延续了他自己当年创业中不断变革的伟大力量。仅仅在两年之后,在海尔兼并广东爱德洗衣机厂的时候,他再次让柴永森出马,原本看来至少需要9个月才能恢复生产的爱德洗衣机厂,在柴永森接手后的第42天,经过海尔文化包装的洗衣机就正式流下了生产线。

也许有人会认为柴永森的例子属于海尔的个案,那么,张瑞敏带领海尔不断通过兼并倒闭企业扩大企业规模的真实经历,却是无法否认的事实。这使得我们不得不思考和面对这样一个非常现实的问题:为什么许多企业发展自身都自顾不暇,而海尔却总是能够通过这种兼并破产企业的方法,不断为自己增加新的力量?而同样是兼并破产企业的许多大公司,却因为背负巨大的债务,甚至因此而倒闭垮台。

在我看来,答案就在于张瑞敏深刻地领悟了道家文化中的大海哲学理念,把一个企业变成不断增加新的变革力量、不断滋生新的事物、不断前进永不停歇的温床,而不是仅限于幸运地笼络到了几个所谓的人才。

对此,张瑞敏曾经如此阐释海尔培养人才的成功经验:

"我认为在任何时代,能满足人最深层也是最本质需要的不是金钱和物质,而是自我价值的发现和实现。一个人如果觉得自己的才能受到压抑,即使给他再多的钱也迟早会离开。反过来,在一定的物质条件下,人的创造性得到发挥,自我价值得到不断的实现,并且能够在这个实现过程中发现新的自我,将带给人最大的满足。"①

柴永森两次临危受命,在两次兼并大战中建立奇功,他的成就对于海尔而言,可谓意义重大。从此,不仅海尔人记住了柴永森的名字,而且,中国企业界也把他与张瑞敏紧紧联系在一起。对这两次漂亮的收购兼并战,至今仍为海尔人津津乐道。可是,对于导演这两次漂亮战役的指挥员张瑞敏而言,其功绩更多地被柴永森冲锋陷阵的傲人战绩所遮蔽。

当时的海尔已经在国内市场彻底站稳了脚跟,论技术和资金实力,在同类行业中鲜有敌手。但是,张瑞敏始终没有对此忘乎所以,深谙道家哲学的他非常明白,一个企业要发展不能停留在吃老本的层面上,眼前的顺利并不意味着前面的道路就是一帆风顺。这正如同平静水面下面的暗流,奔腾汹涌却不被人发现,而一旦陷入其中,对于一个企业的打击则是致命的。

在这种情况下,张瑞敏力排众议,不仅做出收购兼并其他公司的决定,而且,借助两次兼并战为海尔管理层人才培养构建了一个重要的平台和用人的标尺。柴永森的能力是毋庸置疑的,但是,能否经受得住现实风雨的吹打磨砺,这个必须用成绩来说话。而这个创造成绩的过程就是发现、培养、创造新的企业生产力的过程。

正如古人所说的,千军易得,一将难求。柴永森是海尔难得的人才,对于这个

---

① 胡泳:《张瑞敏如是说》,浙江人民出版社 2005 年版,第 45—46 页。

人才的发现从根本上说是张瑞敏不断变革的创意,没有这种企业内部发展不断激发动力、活力、竞争力的变革,再多的人才都会因为缺乏生长的土壤而夭折。对此,张瑞敏曾说:"海尔通过平等用人的机制,告诉每一位员工,他们中的每一个人都是人才,都能在工作中超越自己,更新自己。海尔的每一步发展,都是全体员工创造性劳动的结果,而这结果又反过来给予他们自豪感和优越感,激励着他们进一步去发挥自己更大的创造力。企业因此永远有活力。"[1]

大海的伟力来自于每一滴水的贡献,而在大海中,每一滴水都具有平等的地位。海尔就是这样的大海,不断地接纳人才,不断地培养人才,不断地激活人的潜能,让每个人都成为人才。

案例2·赛马还是相马

1993年,张瑞敏在电冰箱总厂全体职工的一次动员大会上,这样说:一个企业,上对国家负责,交纳税金;下则应对员工负责,帮助每个员工实现他个人所不能实现的目标。作为员工,责任是什么呢?就是要主动地承担起企业在发展中赋予员工的历史责任。只有每个人都来关心企业,我们的目标才能顺利实现。

如何让每个员工都来关心企业呢?

每个企业采取的方法是不同的,有的是以重金利诱,有的是以严厉惩罚。张瑞敏则开创了一条人才发展激励机制为特色的管理办法,此举极大地刺激了员工的积极性和责任心,却不伤害员工的自尊心。这种办法就是被张瑞敏称为"赛马不相马"的"三工并存,动态转换"的用工制度。

---

[1] 胡泳:《张瑞敏如是说》,浙江人民出版社2005年版,第45-46页。

所谓的"三工并存,动态转换",指的是海尔全体员工分为优秀员工、合格员工、试用员工三种,按照上述三种不同的级别,分别享受不同的三工待遇(包括工龄补贴、工种补贴、分房加分等),并且,根据工作业绩和对企业的贡献大小进行动态转换,全厂分布。

1993年7月,张瑞敏决定实行"三工并存,动态转换"制度,这次改革引起了一场轩然大波,在人人心里都引起了极大震动。正值盛夏炎热之际,但是,这场前所未有的用人管理制度改革,却给每个职工带来不同的内心感受,有的员工内心燃起希望之火,有的却如被泼上一盆冷水。

这个制度有效地解决了长期困扰中国企业中的"铁饭碗"问题,增强了员工的危机感和进取精神,使企业不断激发出新的活力。在"三工并存,动态转换"的用工制度中,对全部员工实行公开招聘、公平竞争、择优聘用。这就等于给全体员工提供了一次公平合理的赛马机会,而不再依靠某一个伯乐发现才能出人头地。海尔成为全体员工演练个人武艺的"赛马场"。

安于现状、思想保守的所谓老资格,在这场赛马活动中遭受到的冲击最大。

有一位中年师傅曾获得国家专利和省、部级奖励,经过自己的努力后成为优秀员工。此后,他在工作中有所放松,一次,由于他没将出口与内销冰箱的"跟单号"分开,导致冰箱重号而造成质量事故。按照张瑞敏制定的"三工并存"管理制度,他被取消了"优秀员工"的称号,自动降到下一个级别。这件事对这位工人师傅的触动极大,经过一年的努力,他通过发明一项"发泡注料嘴"和一种新型焊枪,获得了国家专利,按照"三工并存"制度,重新被恢复为"优秀员工"。

任何管理制度对一部分人的利益造成冲击,必然意味着对另一部人是有益的。在张瑞敏推行的"三工并存"的"赛马场"上,当依靠老资格混饭吃的人纷纷从马背上摔下来的时候,那些没有任何资历、勤奋好学的青年人,却成为张瑞敏导演的赛马活动的最大受益者。有报道曾经写到了如下一位普通合同工因为"赛马"而成功的经典例子：

任全晓原本是一名普通的农民合同工，在其他企业，他这样的起步几乎注定无法获得许多的升迁机会。但是，他从工人、班长一步步做起，终于成为海尔"赛马场"上的一匹令人惊叹的黑马，被聘为车间主任。

在任全晓最初进海尔的时候，他以为只要凭借自己的力气和勤奋，一定就可以有更好的希望。可是，当张瑞敏亲手打造的 OEC、企业精神、合理化建议等新名词纷纷涌入他大脑的时候，他才知道在海尔仅仅依靠苦干和蛮干是肯定不行的，需要紧跟时代步伐学习新的知识，不仅要苦干，更要巧干。

从此，任全晓开始了工作中的转型，他从一名只知道默默无闻做事的工人，转向成为"动脑子"的"技术工"，不仅在海尔日常工作中积极提出合理化建议，还在工作之余进行改革实践。功夫不负有心人，任全晓的辛苦付出很快得到了回报。他的一项研究成果使冰箱壳体溢料指标下降了45%，确保了产品的精细化，很快，任全晓当上了冰箱工厂壳体预装班班长。"要么不干，要干就要争第一"，这个理念已经深入任全晓的心中。他为本班组制定了新的管理措施，极大地提高了生产效率，结果使日产量增长了120台，当月就被评为"优秀员工"。由于任全晓工作成绩极为出色，他迅速被提升为车间主任。

此后，他越干越有奔头，在1%的效率工程中，他带领部下绘制了发泡利用率OEC走势图，使发泡料利用率节节上升，为企业节约资金高达34万元。他管辖的直线发泡甲班成为企业第一个发泡免检班组。

"是海尔的用人机制，给了我跃升的天地。"在"赛马"中获得益处的任全晓一直在重复着这句话，这是他对张瑞敏"赛马不相马"的由衷赞叹。

在张瑞敏看来："伯乐相马"在封建社会可以，在市场经济条件下，"相马"作为一种人事制度,不规范,不可靠,这种把命运拴在别人身上的机制,出人才的效率是很低的。由少数人说了算的选人路了肯定不能够做到最大限度地选用优秀人才,也不可能做到公平。要做到用人的公平、公正、公开,"赛马"才是真正值得信赖的好制度。它能激发人的活力,让人才脱颖而出。

公平竞争,唯才是举。这是"赛马"策略的第一个科学内涵。

如果把一个企业的员工看做一个庞大的马群,那么,一个企业的领导对优秀马匹的挑选可以有两个办法:一个是自己做伯乐,站在马群外边凭借个人的智慧去发现;另一个则是为马匹设置一个比赛的公平规则,然后让所有的马匹来进行比赛,这样就可以发现哪些是优秀的"千里马",而哪些是混在其中的劣马。张瑞敏自身是伯乐,但是,他不愿意依仗个人的能力一直做伯乐,因为一个企业总不能永远靠你一个人说了算来发现人才,即使你能发现一些"千里马",但是,你能发现所有的"千里马"吗?你能保证不遗漏那些暂时表现平庸,而潜力巨大的未来"千里马"吗?

这正如张瑞敏所说:给你比赛的场地,帮你明确比赛的目标,将比赛的规则公开化,谁能跑在前面,就看你自己的了。所以,通过赛马给每个人机会,平等竞争获得升迁的赛马用人机制,要远远比古代的伯乐相马更有利于企业发展。

对此,张瑞敏曾经把海尔的人才理念归结为四点:一是给人以公平感。亚当·斯密说过:"人的不公平不是事实存在的,而是心理上感觉到的。"海尔通过增加透明度,将员工工作与待遇挂钩,给员工以公平感。二是给人以成就感,尊重员工的成果。三是给员工以发展空间。领导搭起舞台,让员工表演。四是给年轻干部创造依靠"实力竞争"的机会。

张瑞敏曾说:我是老三届学生,参加工作是从被领导开始的,深知单凭领导印象、感觉的好恶来提拔干部,往往会弄错,而且容易挫伤大多数人的积极性。到自己当了企业领导,我就一定要创造一个完全公平竞争的空间,给海尔每一个愿意干事的人才发挥才干的舞台。

舞台创造出来了,并不是让领导一个人上演独角戏,而是需要全体员工在舞台上一起"赛马"。为此,张瑞敏让每一个参与赛马的人都成为流动者,这就是所谓的"动态转换"。

在张瑞敏看来,每个人都可以参加预赛、半决赛、决赛,但进入新的领域时必须重新参加该领域的预赛。这样既是一种公平竞争,同时,也可以保证人才选拔、使用整个机制的流动性和动态性。

"上岗靠竞争,在位要受控,届满要轮岗,末位要淘汰",这就是张瑞敏人才选拔管理改革的目的所在。如今,海尔的这种用人理念,已经成为海尔前进的基本动力。

海尔每年都要招聘大量的大学生,如何对他们合理使用,成为考验张瑞敏"赛马不相马"用人体制的试金石,流动转换制度则在其中大显威力。

所有的大学生首先要到生产一线、市场一线等部门锻炼,时间通常为一年。在这一年当中,不论你是什么名牌大学毕业的,所有员工都是试用员工。在试用期满一年后,由人力中心公布事业部所需人数及条件,本人再根据实际情况选择岗位。如果经考核合格,就可以正式定岗,并转为合格员工。在合格员工的基础上,3个月以后,如果这名员工能够为企业作出很大贡献,被评为标兵或者获得希望奖等,就可以由部门填写《三工转换建议表》,并交到人力资源管理部门审核。审核合格后,发给当事人转换回音单,通知已转为优秀员工,并在当月兑现待遇。

从 1984 年开始,仅仅几年的时间,该厂的大学生中有 20% 的人已经被提拔为中层干部,管理人员平均年龄 27 岁。今天,只要参观者去看看那些不拘一格选拔上来的人才,我们便可以看出这一竞争平台的威力:通过"赛马"机制升迁到集团副总裁岗位上的就有 3 人。海尔的平等竞争机制和流动转换,真正为想干事、能干事、干好事的人才提供了体现自身价值的机遇和舞台。

《贞观政要》云："选众授能，非才莫举，天工人代，焉可妄加？至于懿戚元勋，但宜优其礼秩。或年高及耄，或积病智昏，既无益于时宜，当置以闲逸。久妨贤路，殊为不可。"

选拔人才不易，让人才展示自己的才能更不易。与许多企业领导热衷于选拔人才、然后随便寻找一个所谓的合适的位置不同，张瑞敏极力发现人才，更重视让每个人才都能实现能力的最优化。这正如《帝范》中所云："明主之任人，如巧匠之制木，直者以为辕，曲者以为轮；长者以为栋梁，短者以为拱角。无曲直长短，各有所施"。意思是：明智的君主任用人才，好像能工巧匠选用木料一样，直的就用它做车辕，曲的就用它做车轮；长的就用它做栋梁，短的就用它做拱角。不管是曲的直的，还是长的短的，都能派上用场。张瑞敏对年轻干部的选拔和任用，就充分验证了他的人才使用哲学。

在用工制度上，实行一套优秀员工、合格员工、试用员工"三工并存，动态转换"的机制；在干部制度上，海尔对中层干部分类考核，每一位干部的职位都不是固定的，届满轮换。海尔人力资源开发和管理的要义是：充分发挥每个人的潜在能力，让每个人每天都能感到来自企业内部和市场的竞争压力，又能够将压力转换成竞争的动力。这就是企业持续发展的秘诀。①

张瑞敏依靠"赛马而不相马"的人才选拔、管理模式，成功地激活了海尔集团人才的无限潜能，在我们惊叹他杰出管理才能之后，其实不难发现，这种管理模式并非是从国外引进、移植过来的"洋玩意"，而是土生土长的"国货"。中国古代道家哲学讲究以静制动、阴阳相济，张瑞敏把海尔看做一个蕴藏无限神奇和秘密的大海，海洋的动力并非仅仅是外部的力量，而是内部海水无限汹涌滚动产生的巨大潜能。

---

① 胡泳：《张瑞敏如是说》，浙江人民出版社 2005 年版，第 43 页。

在今天,企业家们热衷于向西方管理模式效仿、移植、抄袭的时代,张瑞敏因为始终坚持从中国古代哲学文化中汲取智慧,才让海尔的根系深深地扎根于祖国大地,这是张瑞敏领导的才能和魅力;同时,更是中国古老哲学能够被运用于经营管理的合理性佐证。

本章启示

哈佛大学商学院的佩恩教授对海尔文化给予了极大的关注和研究,她对海尔文化重要性的认识甚至远远比国内学者更为重视。这实在是一个非常具有讽刺意义的悖论。当国内的企业家疯狂地迷恋西方管理技术、把眼睛死死盯着西方企业如何管理和经营的时候,西方人却把眼睛对准了中国企业家创造的企业文化。对此,佩恩教授曾如此评价海尔文化:

"海尔成功的关键因素是它的企业文化。当然,技术能力和资本支持也非常重要。但如果没有正确的文化,海尔就无法把那些僵化而固定的资产转变为顾客、员工、投资者以及整个社会不断增加价值的取之不竭的源泉。海尔文化中包含了某些很关键的信念,这些信念也存在于全球范围内其他成功的企业。"

它们包括如下几个最为重要的方面:一是企业员工个人的责任感和主动性。只有那些拥有对企业高度关心,并以一种积极姿态发挥作用的员工的公司,才有可能培养出充满活力的企业文化。二是持续进步并不断创新的可能性。在企业文化里应该能嗅到那种乐于变革、富于进取和创造的生气。因循守旧、裹足不前只能让企业在死气沉沉的文化中消亡。三是对客户需求的满足。这不仅仅是消极满足顾客的要求,还包括用心倾听客户的声音,捕捉他们内心没有表达出来的想法,在他们感到不满以前就消除潜在的障碍。四是对社会的贡献。一个成功的企业文化一定要让身处其中的人真切地感受到自己是对社会有价值的人,企业是对社会有用的企业。具有普遍意义的道德原则和修养水平是一个企业文化中不可缺少的部分。①

张瑞敏从一开始就致力于文化引领海尔前进的经营理念,最终,海尔爆发出大海一样的巨大能量。在海尔不断地兼并破产企业、进军国际市场的道路上,海尔真正承担起了大海的角色。它不仅成功地成为中国家电行业的人才高地,集聚了中国乃至全球在该行业最优秀的人才;而且,海尔已经不再是一个单纯的创造经济利润的企业,更是源源不断地为中国企业生产文化理念的范本。它告诉我们的企业家,想做好企业并不是单纯地占有资金和技术,这些"硬件"固然重要,但是,真正决定企业发展命脉的乃是它的"软件"——企业文化。

古人云:皮之不存毛将焉附。这句中国人非常熟悉的古训,并不如我们想象的那样被企业家们理解。张瑞敏的海尔的海的观念恰到好处地对这个经典古训做了注解:中国古代传统哲学文化就是海尔存在的大海。

一个非常遗憾的事实则是:一直到今天,不仅我们的企业家们很难相信这个看起来很玄乎的理论,即使我们的研究者也往往把海尔的成功归功于技术层面,包括张瑞敏的领导技术、管理技术等。殊不知,没有大海的蕴藏、包容、吸纳,又怎么可能存在这些技术呢?即使存在这些技术又怎么能保证不断地技术更新、变革前进呢?

张瑞敏的海尔是海的经营哲学,对于我们今天的企业家有着非常重要的启示意义:

---

① 胡泳:《张瑞敏如是说》,浙江人民出版社 2005 年版,第 3—4 页。

第一，优秀的企业家应该让企业成为一个不断吸收新鲜生命活力的源泉。企业发展依赖不断更新的力量，包括人才、技术、资金等，只有建立了企业海纳百川一样的吸附力，才有可能让你的企业立于不败之地。单纯依靠外来力量，而内部失去造血功能的企业，即使可以发展，也不可能持续立于不败之地。

第二，建立一个公平的用人机制，让企业成为一个每个员工都有机会展示个人能力的大舞台。正如大海能够让每一滴水都汇入其中，让每一滴水都可以成为能量汇聚的必要元素一样，一个企业的发展需要让每个人都能做到人尽其才，才尽其用。人们常常说，世界上没有绝对公平的事情，张瑞敏在海尔用人方面并不是追求绝对的公平，因为每个人的才能都不一样，怎么可能实现绝对公平呢？但是，当一个企业里员工的才能无法施展，或者说无才的人占据了领导位置的时候，这就是对每个员工的不公平。张瑞敏致力于消除人才选拔和使用中的不科学机制，以"赛马而不相马"为海尔每位员工提供了施展自己才能的舞台。

第三，没有固定不变的工作岗位，人才流动是促进企业更新前进的重要驱动力。张瑞敏对企业内部的干部实行轮岗制度。如果从员工个人能力发挥的角度上说，这是让每个员工不断寻找最适合自己能力位置的策略，如果从整个企业员工才能发挥的层面上说，这是实现所有人才优化组合的策略。

第四，企业要建立不断前行的驱动机制，以此确保整个企业的可持续发展。张瑞敏通过人才流动机制，让人尽其才，让整个企业获得了可持续发展。这就是从大海哲学中获取的智慧。人们常常以海枯石烂表达个人坚定的决心和永恒的意志。其实，一个企业要想做到大海一样永远不枯竭，只需要让它周而复始地运转起来，不停歇、不满足、不观望。这既是张瑞敏的成功经验，也是留给我们今天每个企业家的宝贵财富。

第二篇
儒家智慧：企业服务文化

对于中国中年以上的企业家而言,张瑞敏在20世纪80代带领干部抡着铁锤亲手砸碎76台不合格冰箱的著名事件,可谓人人皆知。这件事情如果放在今天的社会背景下,一定会被认为是一种"作秀"和"炒作"。但是,在当时的人们看来,这种类似疯狂的行为,只能证明张瑞敏追求产品质量、坚持品牌取胜的决心。正是从这个事件开始,张瑞敏比一般企业家的品牌经营更具有彻底性的观念,开始进入大众的视野。

曾经有记者在采访张瑞敏的时候问了这样一个问题:海尔向全球市场扩张所采用的战略是什么?这种战略与其他中国企业的战略有什么不同?

张瑞敏毫不犹疑地回答:品牌战略。在他看来,大多数中国企业都以出口换汇为导向,只要能换回外汇就可以了。我们出口的目的是要在海外树立起我们的品牌,一定要让人知道海尔是一个很好的品牌。这一点是海尔与其他企业相比很大的不同之处。海尔在中国建立了一个非常有影响力的品牌,现在正把这个品牌推向海外市场。[1]

---

① 张瑞敏:《张瑞敏谈商录》,哈尔滨出版社2005年版,第105页。

张瑞敏的品牌战略实际上包含两个内容,一个是产品质量品牌战略,另一个则是服务质量品牌战略。正如同谁都知道海尔产品注重质量一样,没有人会对海尔的服务表示任何的质疑。而且,很多消费者正是通过海尔服务的优质认识到了海尔的品质。

非常遗憾的是,今天的企业家们往往过于片面地认识和理解品牌的概念,看待品牌战略只从其产品质量这个维度出发,忽略、遮蔽了品牌不仅包括产品质量,还包括服务。其后果是把生产—消费—服务这个完整产业链过程中的品牌战略切断,造成了部署品牌战略时就只狠抓产品质量的现象。

张瑞敏的品牌服务智慧不同于一般企业家在于两个方面:

首先,张瑞敏的品牌服务战略是把商品生产和商品服务两个环节血脉连接在一起。概括地说,海尔的品牌是从产品质量到销售服务都包括在内的全方位的品牌。这在本质上是文化哲学中的整体大于部分之和的智慧。在这个意义上,海尔的品牌服务与一般企业追求的服务高质量有着本质的不同。

当一个企业仅仅致力于商品质量或者服务中的任何一项,其对于企业发展的作用虽然非常重要,但是,其产生的能量和意义往往因为某一方面的缺失而直接损害企业的形象。这就好比一个顾客从你工厂购买了一件质量非常好的商品,而在提货、运输、安装、咨询、维修等客户服务方面与质量严重不对等。而且,产品质量越高,越能凸显服务质量的差距,这样折腾一番之后,客户不仅不会对你的服务满意,即使最初对产品质量的那点好感也往往会因为这个原因而消失殆尽。同样,当一家企业以服务质量取胜而产品质量不过关,也会最终导致客户因为质量而迁怒服务。

现代管理学认为,只有实现了从生产到服务整个链条上各个环节的高品质,才有可能造就整个企业的高品质,实现整体大于部分之和的特殊效果。张瑞敏缔造的海尔服务正是从这个角度出发,把品牌战略渗透到企业生产和服务的每个环节之中,让海尔的品牌不是单指产品的质量或者服务某一个方面,由此造就一个完整的海尔品牌。这正是海尔在中国能够深入人心,在欧洲和美国市场能够占据一席之地的重要原因。如果单以某一方面的品牌战略取胜,比海尔产品质量更优、服务更好的企业并不在少数,但是,它们往往把品牌战略做成了某一个方面的品牌,最终失去了在市场上的竞争力。对此,张瑞敏让我们见识了他的系统、整体的服务品牌战略。

"消费—服务—生产"这一结构已成为当今世界先进经营秩序的基本框架。在这一结构框架中,服务起着沟通、疏导消费与生产的中介作用。服务的主体地位是不容忽视和无法动摇的。没有先进完美的服务体系和服务手段,就无法吸引消费者,就无法占领市场,也就无法扩大再生产,更谈不上企业的整体驱动与持续发展。

服务机制的完善与否直接代表着企业体制的先进程度,服务环节的完善与否直接反映着企业的经营水平和经营能力,可以说,服务是企业全部经营活动的出发点和归宿。服务决定消费,并由此决定生产,这是一个积极的双重因果循环关系。①

其次,张瑞敏的品牌服务战略,注重的并不是服务到位、让客户满意这个最基本的层面,而是让服务成为一种文化的高品质需求。

下面的一个例子可以充分说明海尔的服务如何富有中国传统文化韵味:

2002年7月,在一个商场里有一个用户打电话说,要买商用空调。我们的直销员在电话里听到了孩子哇哇的哭声,所以她在送空调时,就背了个包去,看

① 胡泳:《张瑞敏如是说》,浙江人民出版社2005年版,第105-106页。

见用户的小孩身上长了痱子,在床上哭,她就从包里拿出痱子粉,然后抱着用户的孩子,给其抹上痱子粉,让用户干其他事。用户非常感动,主动地向邻居推荐买海尔空调。

亚当·斯密在《国富论》中说:"每个人即使从利己的目的出发也能达到利他的效果,市场经济就应该是这样。"①

对于这样的优质服务,也许企业家们更关心的是张瑞敏究竟给服务人员提供了多少报酬,或者张瑞敏给他们制定了怎样严厉的紧箍咒。其实,这种理解恰恰暴露出了当前众多企业家无法真正理解海尔服务的根源。对此,张瑞敏一语中的地指出这种优质服务的本质在于文化:

关键是企业文化的问题,不是每个人发张表就行了,而是要每个员工都有创新精神,把员工的自身价值体现在为用户创造价值上,只有为用户创造价值,才有可能实现员工自身的价值!②

凭借对中国传统文化哲学的深刻体悟,张瑞敏成功地打造了优质的海尔服务文化。它不仅超越了技术层面的到位细致,而且,上升为一种令人感动的真诚文化内涵,消除了企业与顾客之间购买关系的功利链条,成为人与人之间真情交流的生活内容。

---

① 胡泳:《张瑞敏如是说》,浙江人民出版社 2005 年版,第 112 页。
② 胡泳:《张瑞敏如是说》,浙江人民出版社 2005 年版,第 112 页。

第四章

用户服务文化

用户永远是对的

关于张瑞敏,在社会上有一个流传甚广的段子:崂山有一位道长是张瑞敏的好朋友,一天,这位道长走路时被自行车撞了一下,当时这位道长已届80高龄,而当他从地上爬起来后,却向骑车人深鞠一躬,然后说"对不起"。张瑞敏听说此事后,就去看望道长,并问他:"为什么你被撞了还说对不起?"这位道长说:"是我妨碍了他走道,施主永远是对的,真谛在于境界,而不是论证对错。"据说正是因为这位道长的点化,让张瑞敏明白了"客户永远是对的"的管理理念。

张瑞敏曾说:作为一个企业,所有的有形的方面都可以用钱买来,全世界最好的设备,有钱就可以获得;全世界最好的技术,有钱也可以买到;全世界最好的人才,只要你肯花高价肯定可以挖过来,没有买不到的。唯有用户资源你买不到,因为那是用户的心,你花了多少钱做广告,做到最后他不愿听你的,不愿认同你,你都没办法。这也与企业发展有一个正比关系,谁拥有用户资源多,谁的竞争力就强。但这个用户资源怎样可以得到呢?没有别的办法,只有通过国际化的服务才可以得到。以前企业在发展过程中最值钱的是资本,谁的资本大,谁就把别人吃掉,后来是技术,现在是用户资源。[1]

张瑞敏用来抢占用户资源的"国际化服务",究竟是怎样的一种服务呢?

海尔曾经在服务上提出这样的口号:"用户永远是对的"。这个口号和我们人人皆知的"顾客就是上帝"似乎并没有本质上的区别。但是,来自西方的"顾客就是上帝"在中国企业中并没有得到真正的贯彻,服务态度差的问题一直是我国企业服务领域的焦点问题之一。海尔创造的"用户永远是对的"服务宗旨,成功地与西方的"顾客就是上帝"实现了对接。

古人说,严于律己,宽以待人。在同样一件事情上,对待自己要比对待他人更为严厉点,这是中国民族传统美德的重要代表。"用户永远是对的"在文化层面上,就是这种思想的具体显现。这看起来对自己似乎不公平,甚至是故意委屈自己,但是,对于企业服务而言,只有采取这样的双重标准,才有可能留住顾客。

一般人认为,企业和客户之间属于一手交钱一手交货的平等关系,实际上,企业和客户之间并不存在真正的平等。因为顾客的周围并不仅仅存在你一家企业,即使你的产品质量再好,在现代社会都不会出现"过了这个村就没那个店"的情况。所以,当你以为自己的品牌是"皇帝的女儿不愁嫁"的时候,你的服务已经建立在和顾客不平等的基础上,其结果必将导致企业和消费者之间关系的生硬与紧张。消费者花钱不仅仅是购买你的产品本身,还在于购买和使用产品的过程中感受服务的精神享受。

张瑞敏恰到好处地把这种文化理念灌输给了海尔的服务。海尔推出的第

---

① 胡泳:《张瑞敏如是说》,浙江人民出版社 2005 年版,第 95 页。

一代冰箱命名为"琴岛—利勃海尔",其产品技术来自德国,在产品质量上是非常过硬的。但是,当产品上市之后,却收到了许多客户的维修电话。张瑞敏对此非常奇怪。原来在德国电冰箱属于非常普通的家电产品,再加上国民文化素质普遍较高,德国国内的电冰箱使用说明书写得非常简单,往往用简单的图片进行演示,很少有具体操作的说明文字。而张瑞敏成功引进德国利勃海尔冰箱技术之后,却忽视了非常不起眼的说明书的问题,说明书直接翻译自德国国内说明书的原文。结果,许多客户购买了海尔电冰箱之后,回家按照说明书进行操作,往往看不懂,误以为电冰箱质量有问题,弄得维修人员只得不停地上门解释如何操作。这引起服务人员的极大不满,因为产品质量有问题找他们是理所应当的,但是,这些纯属于客户自身文化素质问题,客户没有任何理由来抱怨海尔企业的产品质量和服务。企业和客户之间的紧张关系随时都有可能爆发出来。

究竟是把责任追究为海尔领导没有充分考虑到说明书,还是归咎于国内客户文化素质低,张瑞敏毫不犹豫地对自身进行了深刻的反省。

在他看来,海尔要开发客户资源,就必须充分地为客户考虑,而不能一厢情愿地认为自己的产品技术来自德国先进国家,你自己没文化不会用,和我们企业无关。他立刻专门挑选了一批专业技术人员,重新编写海尔电冰箱的说明书,要求一定要按照中国目前客户的文化程度具体情况进行编写,不能照搬德国说明书。最后在非常短的时间内,完成了德国说明书从"精英化"到"大众化"、"平民化"的身份转型。修改后的电冰箱说明书,不仅配备了详细的文字操作说明,而且,最大限度地避免语言阅读上的障碍,把说明书变成了一本通俗读物。

一本不起眼的说明书,让我们看到了张瑞敏在客户服务上的精心和用心。从表面上看,这是领导的细心与否的问题;在深层上看,则是企业家对待服务的文化观念问题。与发达的资本主义国家德国相比,20 世纪中国的绝大多数家庭还处于平民人众化阶段,电冰箱这样一种普通家电在中国都属于比较奢侈的消费品。而伴随说明书的客户服务则反映了两种不同文化的态度,坚持说明书的德国化,就是一种故弄玄虚的崇洋媚外;坚持说明书改造的大众化,就是对中国国情的尊重。张瑞敏在这场文化之争中,坚定地站在了本土的立场上,把客户不会操作的责任追究到领导自己的头上,真正贯彻了我们祖先"严于律己,宽以待人"的文化思想。

在"顾客就是上帝"这个口号已经泛滥的今天,"用户永远都是对的"服务意识,既不新鲜,也不炫目。但是,因为张瑞敏理解了企业和客户之间的本质关系,把自己放在了卑谦的位置上,用中国传统文化思想武装了服务体系,由此造就了这个老掉牙的口号中崭新的服务观念,这正如他说的:

"这一口号虽不是什么新东西,但却和中国家电产品销售中出现的问题有很密切的关系。中国的特点是,一方面老百姓大多不熟悉家电产品的使用知识,另一方面家电产品的消费又占了家庭收入的很大一部分。因而,经常遇到的情况是由于消费者使用不当而使产品出现问题。在一些企业与消费者讨论究竟谁对谁错时,我们却坚持在这个问题上没有任何讨论的余地,用户永远是对的。"[1]

案例 1 · 有种服务叫做感动

关于海尔的服务,有这样一个非常经典的故事,不仅在当时引起了巨大的轰

---

[1] 胡泳:《张瑞敏如是说》,浙江人民出版社 2005 年版,第 114 页。

动，而且，直至今日，人们在谈到企业服务文化的时候，都会对此大加赞赏。

当初，海尔进军滚筒洗衣机市场的时候，所有生产出来的这种类型的洗衣机一般都放在广东地区销售。

有一次，有个名叫陈军义的广东潮州人，他来到广州后看到海尔研发的这种滚桶式洗衣机非常好，就想购买一台。但是，由于这种产品并没有投放到潮州市场，所以，他就恳请海尔服务人员，让他们帮忙在潮州给他搞一台这种滚筒式洗衣机。

虽然只有一名用户且只订购一台，但是，海尔的服务人员并没有因数量太少而拒绝陈军义的要求，专门派广州的营销人员给他送了一台到潮州去。当时，广州销售人员租了一辆出租车，带着洗衣机到潮州去，可是，就在离这名潮州用户家还有两公里的地方，车子坏了。营销人员赶紧去拦其他的车，但是，任凭这名销售员费尽力气，都没有拦到车子。

时间就这样一分一秒地过去了，天渐渐黑了下来，如果再不抓紧把产品送到用户家里，那么，用户一定会非常着急。销售人员决定直接把这台洗衣机给用户背过去。

虽然距离用户家里只有两公里的路程，但是，当时正值炎热的夏季，气温高达38℃，洗衣机的重量是75公斤，这名销售人员硬是走了整整3个小时才把它送到用户家里，身上完全湿透了，如同从水里刚刚捞出来的一样。

对于这件事，这名销售人员并没有对任何人说，甚至连用户陈军义本人也不了解。直至过了一段时间，陈军义从别的渠道知道了此事，非常感动，出于对海尔服务人员的敬佩，专门写了一封信给《潮州日报》，对此事加以大力表扬。

《潮州日报》就这个问题专门作了一次大讨论。张瑞敏后来说，这件事本身已经超出了服务的范围，它揭示了市场经济的另外一种概念，一种全新的理念。就是海尔和用户之间不仅仅是钱和物的交换，还应该是一种情感的交流，真心实意地为用户服务,这就是信誉的表现。

对于海尔这样的服务,有人质疑是一种个人英雄主义,而一个企业服务想获得高层次的提升,仅仅靠一个企业里几个员工表现出的个人英雄主义肯定是不够的。因为再优秀的企业领导者都不可能让整个企业的所有服务人员都成为英雄,退一步说,就算你可以把企业服务团队成员都打造成为英雄,但是,长期下去英雄也有感到疲惫的时候。

对此,西方企业管理大师哈默则以极度的失望加以否定,认为一个企业称颂这样的英雄是种"令人讨厌的态度"。在他看来,企业英雄实际上是出现可怕机能障碍的预兆。当一个人走了额外的里程去解决一个问题或服务客户,我们中的大多数人倾向于称赞他。但是,英雄主义服务却存在严重的错误,因为这不可重复,这不可靠,这不可依赖!这是昙花一现。假如你把人们安排在蹩脚的流程中,那就是要求他们与流程作战。用不了多久,就会把他们折腾得疲惫不堪。为此,企业服务必须有纪律、条理和可重复性。个别的英雄举止恰恰是早期的预警信号:企业已破损,而且不自知。如果你是一家小企业,个人的英雄行为或许很奏效,但别指望一直拥有这样的好运气。企业必须把经营的各个方面流程化。[1]

有人对此研究后指出,张瑞敏能够让海尔服务上不断涌现出个人英雄,同时,又不会发生哈默所说的严重后果的重要举措在于,"不仅要靠大力宣扬和表彰他们的事迹,还要靠一套制度化的方法。具体而言,就是要使每个人都成为经营者。"[2]这就是海尔的SBU(战略事业单位)。

这种理解固然是有道理的。我们把海尔创造感动服务归功于企业制度化和规范化的同时,不禁想到:任何大规模的企业都有一套规范的服务制度,然而,为什

[1] 胡泳:《张瑞敏如是说》,浙江人民出版社2005年版,第111页。
[2] 胡泳:《张瑞敏如是说》,浙江人民出版社2005年版,第111页。

么他们做不到海尔这样的服务？

可见，问题的关键并不在于一个企业究竟是否存在规范、严密、科学的服务制度问题，而是在于如何调动服务人员自觉服务、自觉奉献的主体性精神。换句话说，张瑞敏创造的激发员工成主体性地位的 SBU 制度，并不是导致海尔服务令人感动的根本原因，否则，任何企业只要把张瑞敏创造的这套制度一字不动地照搬过来，并且像张瑞敏那样严格地执行，那么，是否也一定能够创造出像海尔一样的感动服务呢？答案一定是否定的。正如张瑞敏自己所说的，优质的服务关键是企业文化问题，并不是每个人发张表就行了。可见，海尔创造的感动服务在本质上源自张瑞敏独特的企业文化塑造。

中国道家文化哲学大师庄子曾云："朴素，而天下莫能与之争美。"又云："天地有大美而不言，四时有明法而不议，万物有成理而不说。圣人者，原天地之美，而达万物之理。是故至人无为，大圣不作，观于天地之谓也。"一个企业要创造服务的"大美"，也遵循着这个千古不变的真理。在客户服务上依靠华而不实的各种名称，并不能从根本上获得"大美"的境界。张瑞敏深谙此道，他欲创造海尔服务的"大美"境界，是通过一种默默无闻的"朴素"、"无言"的方式来进行的。

一方面，他要求海尔服务人员以真诚来对待客户，因为人首先是情感的动物，只有用真诚、真心、真挚的感情对待客户，你才有可能感动客户，而这些远远比那些令人眼花缭乱的各种服务承诺要朴素自然得多。在中国传统文化中，无论是儒家文化还是道家文化，追求的最高境界其实都是一种真诚的情感。道家哲学情真到返归自然，人物合一；儒家哲学情真到关爱一切民众。张瑞敏创造的感动服务正是因为建构在中国传统文化主流形态的层面上，所以才具有了超越一般金钱交换的关系。因为海尔的这种服务并不是企业领导用优厚的报酬刺激实现的，而是服务人员心中首先怀着一颗关爱的心。

另一方面,张瑞敏充分肯定海尔服务中出现的个人英雄主义行为,但是,他绝不会借员工表现的个人英雄主义而进行大肆的炒作和夸张的宣传。因为过分渲染这种个人英雄主义不仅容易导致西方管理大师哈默所说的那种可怕后果,而且,从根本上违背了海尔服务的宗旨。海尔服务讲究的是以真诚的感情对待每一位客户,不仅一般企业承诺的各种"硬件"服务要求做到,而且,还要在服务过程中传递一种企业真诚对待客户的情感,这实际上是一种超越金钱和物质交换的"软件"服务。有人常常把张瑞敏的这种服务理念看做是一种低调行为,其实在本质上就是上面所述的道家哲学追求的弱者卑下的理念。把做好事放在卑下的地位,自然能够感动客户,大张旗鼓地对这种行为进行炒作,往往会引发客户更大的反感。海尔服务人员创造了无数的感动事件,但是,他们几乎个个都不对外宣扬个人的行为,并以此邀功请赏,这种默默做好事的行为正是来自于张瑞敏缔造的海尔企业文化理念的渗透和影响。

有人说,得用户者得天下,这个简单的道理对于任何一个企业家都是基础级别的问题,因此这个理念根本算不上张瑞敏文化企业哲学的一大智慧。问题的关键并不是在于张瑞敏是否知道这个道理,也不在于张瑞敏通过所谓的 SBU 制度来规范和创造优质的服务,而是在于张瑞敏是中国少有的用文化理念来创造、管理、规范服务制度的企业家。不明白这个道理,既不会懂得海尔创造的感动服务的本质,也不可能走进张瑞敏文化构建企业的大智慧。

每个企业在服务的具体样式上都有着自己的特点,如果要找到一种普遍性的特征,那么,服务到位几乎是所有企业共同的口号。姑且不论每个企业的服务究竟能否做到所谓的到位,单就服务到什么程度才算是到位,能够准确说出来的似乎并不多。

追求服务到位,对于海尔也并不例外。但是,海尔的服务并不是依靠这种大而空的套话来实现的,正如同张瑞敏尊崇的道家哲学以朴素自然为特色一样,海尔的服务完全是一种朴素自然、实实在在的服务,既不靠大话套话来糊弄客户,也不弄好听的名词炫耀夸示。正是依靠这种踏实朴素的服务,海尔为中国企业构建了一种令所有客户感动的服务。这既是海尔服务的一大特色,同时,也警示了当下众多企业究竟如何做才算是服务到位。

案例2·无情的制度,有情的服务:"民吾胞也"

任何管理一旦形成一种制度,都无法避免对于违背制度者进行严厉制裁而带来的无情的一面。如何通过企业家情感化的管理艺术,在维护了制度铁面无私的同时,又不伤害员工的积极性,这就成为衡量企业家管理艺术智慧的一个标尺。正因为这个原因,在企业界流传的一句俗语叫做:无情的制度,有情的管理。

海尔的服务制度是科学而系统的,但是,张瑞敏创造的服务制度,却以艺术化的手段化解了服务制度执行过程中的僵化死板的弊病,不仅让服务人员不会因为制度的约束而失去工作的激情和活力,而且,更重要的是,服务人员在张瑞敏制订、执行服务制度的同时,受到巨大的感染,自觉地把张瑞敏的服务理念运用到服务实践中去。

据报道,张瑞敏为海尔的客户服务亲自做了一件让所有企业家都瞠目结舌的事情:

海尔在刚刚进入空调市场的时候,空调比较紧缺,在市场上供不应求。很多人都到海尔工厂排队买空调。当时有一位老太太来买一台空调。在买好了空调之后就叫了一辆出租车,拉着这台空调回家。

到家之后,老太太让出租车司机等着,自己上楼去喊家里人来帮忙抬空调。但是,当她和家里人下楼来抬空调的时候,发现出租车司机早就开车拉着空调跑走了。由于当时这位客户在购买空调的时候,并没有要求海尔厂家送货上门服务,而且,当时国内企业也几乎没有提供这样的服务,所以,老太太空调被出租车偷走之事与海尔企业没有任何责任关系。

当张瑞敏无意中从《青岛晚报》上看到这件事情之后,立即要求空调公司给老太太再送一台空调去,并告诉老太太这台空调免费提供给她使用,老太太非常感动。由于偷空调的那个出租车司机一直没有被抓到,所以,海尔公司给老太太使用的那台空调就免费送给了她。

张瑞敏为海尔公司创造的这次客户服务行为,给当时的海尔服务人员好好地上了一课:不管客户有没有要求企业提供送货服务,只要商品从海尔这里卖出去,海尔就应该承担一切责任!为什么客户会购买海尔的空调,说明大家对海尔充满了信任。既然如此,海尔就应该为客户分忧解难,不能以当时没有这种送货服务而推卸自己的责任。正是在这件事情之后,张瑞敏迅速推出了送货上门的客户服务,这在当时企业中是属于"吃螃蟹"的做法,为海尔的客户服务赢得了巨大的声誉。

上述这个案例,如果按照服务制度的规定,海尔本来可以不承担任何赔偿责任,但是,张瑞敏却以人性化的方式把这次责任主动承担下来,既没有发生任何的责任纠纷,而且做成一件富有人情味的"送温暖活动"。这样的服务,在一般的企业家看来,无疑是一种愚蠢的行为,干吗自己没事找事呢?

但是,在张瑞敏看来,如果一个企业想占有市场,就必须笼络住客户的心,而笼络人心则有两种方式:一种是通过利润诱惑这个功利的手段,例如产品降价、积极赔偿等行为。另一种则是情感沟通,以牺牲自己的利益主动去温暖感动客户,这看起来也是通过让利行为来笼络人心,其实本质完全不同。如果张瑞敏在当时不让企业送空调,而是采取折算补偿一定数额金钱的办法给这位老太太,那么,其效果会完全不同。因为真正的客户可以一时被你的利润诱惑所感动,但是,要长期成为你的忠实客户,必须要以真诚的情感为基础。张瑞敏送给老太太的并不仅仅是一台空调,而是海尔集团为客户主动着想的亲人一般的感情。这种亲情一样的客户服务,无形中把企业和客户的关系紧密地联系在一起,不仅为海尔赢得了足够的市场空间,而且赢得了尊重和信誉。

当下众多企业在客户服务上也不乏热情似火的例子,但是,往往并没有出现领导者渴望的以此笼络大量客户的局面。一个非常重要的原因在于,海尔的客户服务在情感化方面是出于真诚的为人解忧,而不是仅仅因为你买了我的产品我才为你服务。而其他众多公司要么不能把这种人性化服务坚持长久,要么完全出于作秀、炒作、宣传的目的,这样的结果虽然可以一时蒙蔽客户的眼睛,但是不能永远蒙蔽客户的心。

另外一个非常著名的例子是,海尔的一位客户到青岛旅游,因为某种原因导致身无分文。由于他在青岛没有任何亲人和朋友,他就抱着试试看的想法找到了海尔,直接和海尔的工作人员说:我是你们的用户,非常信任你们。能不能帮我解决回家车费的问题? 没想到海尔非常愉快地答应了这位客户的请求,及时让他踏上了回家的旅途。

试想,如果这样的事情发生在其他企业身上,有没有客户会主动上门找企业提出这样的请求? 显然,客户对海尔的信赖是以亲人般的情感来对待的,而绝非一般的商品交易的交换关系。

中国传统文化一向以"四海之内皆兄弟"、"民吾胞也"的血缘纽带伦理著称,遗憾的是,无商不奸的概念被过分夸大,久而久之,企业和客户之间本来可以成为兄弟、同胞的情感关系被妖魔化,似乎企业对客户的一切好心都是"黄鼠狼给鸡拜年——没安好心"。但是,海尔的客户服务彻底打破了这个被严重扭曲的企业与客户之间的情感关系,让我们看到了企业客户服务不仅仅做到了他们应该做的服务,而且,其"多管闲事"完全是出于亲人同胞一样的情感。在这个意义上,海尔的客户服务完全是上述所说的以中国血缘纽带伦理为特征的博爱精神文化的体现。

本章启示

西方的彼得斯和奥斯汀认为,企业和客户之间常常因为服务而发生很多纠纷问题,这些问题可以概括为如下四个方面:

一是对顾客进行诽谤;二是看不起经销代理人、外勤人员、接待员、商店工作人员,即所有真正负责向顾客或用户提供服务的人员;三是把诸如接听电话的礼貌一类的事情一笔勾销,认为这些是非常简单的事情,并不需要加以考虑或者对服务人员进行认真的培训;四是技术至上主义,认为产品技术上的优势才是真正了不起的东西。①

综观今天我们身边的企业服务,上述出现的问题几乎无处不在。为什么人人都知道服务的重要性,知道企业发展永远离不开客户,却总在客户服务上出现无穷无尽的问题?海尔在这方面为我们众多的企业家提供了宝贵的经验。虽然看起来海尔的客户服务内容繁多,甚至非常深奥,但是仔细想想,我们不难发现张瑞敏缔造的海尔服务,在现实生活中完全超出了单纯厂商与客户交易的纽带,用来维系海尔与客户的是中国传统主流文化中的血缘纽带伦理关系。这

---

① 汤姆·彼得斯,南希·奥斯汀:《志在成功》,中国对外翻译出版公司1987年版,第57页。

是保障海尔在提出"客户永远是对的"、"真诚到永远"、"创造感动"等服务口号的时候，并不是完全出于商业利润的直接功利目的的根本原因，这也确保了海尔的服务能上升为一种体现民族精神的文化力量。

张瑞敏在海尔客户服务文化上的成功，为我们今天的企业家构建客户服务提供了宝贵的经验：

第一，树立"客户永远是对的"服务观念。但是，前提是要做好对服务人员的培训工作，让服务人员能够真正领会"客户永远是对的"服务理念，消除服务人员与客户之间在责任问题上的分歧，让服务人员敢于主动承担自身应该担负的责任，尤其不能因为感觉委屈而心生抱怨。

第二，服务要超出义务和责任的范畴，实现从"客户要求我做什么"向"我愿意为客户做什么"的转变。许多企业在服务上兢兢业业，但是，客户并不买账。其中一个非常重要的原因在于，企业的客户服务体系定位在一种被迫性的义务劳动，而不是亲情式的关爱。

第三，客户服务的视角要开阔。在时间上看，不仅要为享受服务期内的客户提供服务，而且要对超出服务期限的，或者潜在的客户提供必要的服务；在空间上看，不仅要对服务条款内的项目进行服务，还要对不属于自己承担的服务进行必要的帮助。

第四，客户服务的样式可以千差万别，但是，对客户保持真挚的情感则是基本的底线。而对客户服务中的真情，绝不应该仅仅依靠报酬的诱惑或者下岗的恐吓，企业领导要自己为员工树立关爱体贴的榜样，以此感染服务人员，以便在服务中融入真情，培养不求闻达的高尚素质。

第 五 章

售后服务文化

售后服务就是创造新的市场

在经济学家的眼中,生产、交换、分配、消费这样的流程并不是一种单向的直线运动,这正如马克思著名的政治经济学观点:生产就是消费,消费就是生产。

对于企业发展而言,产品生产、商品销售、服务维修这样的程序也不是单向的。聪明的企业家能够充分利用经济学的规律,在产品生产的同时,充分考虑到如何根据产品特点构建合理的售后服务体系;同样,在售后服务的过程中,也能够根据服务过程中出现的问题为产品再生产和研发提供重要的启示。

张瑞敏打造了海尔服务的一体化系统,把孤立的服务、维修与整个产品的销售、管理、经营紧密地联系在一起,售后服务与产品研发在生产流程上就不再属于孤立的封闭系统,而是一个相互循环、相互启示的可循环、再创造过程。这给张瑞敏的产品研发以及市场资源开发带来了巨大的收益。

在海尔售后服务的历史上,有一个被当做笑话来说的"洗衣机洗地瓜"的售后服务例子。1996 年,一位四川客户投诉海尔洗衣机的排水管有问题,服务人员接到投诉后,立即上门服务,结果发现这位客户是位农民,他购买的海尔洗衣机排水管经常被堵住并不是因为洗衣服导致的,而是他用洗衣机洗地瓜,由于泥土量太大,结果常常导致洗衣机排水管堵塞。

对于用户完全违背洗衣机的功能导致的问题,一般企业甚至会拒绝服务,但是,海尔服务人员却仍然坚持为这位洗地瓜的用户更换了更粗的排水管。这位农民在感激之余,对服务人员说,如果你们厂的洗衣机能洗地瓜就好了。

这个后勤服务的案例在别人听来只不过是一个笑话,但是,张瑞敏在听到这个服务的案例之后,敏锐地嗅到了洗衣机研发、生产市场上的新的需求。既然客户有这种需求,那么,为什么不按照客户的需求进行新产品的研发生产呢?当张瑞敏召集技术人员说出研发清洗地瓜的洗衣机之后,技术人员对此很难理解。一方面,研发这种产品的想法过于"荒谬",洗衣机就是用来洗衣服的,为什么要用来洗地瓜呢?另一方面,就算成功研发了这种功能的洗衣机,能够保证有销路吗?到底会有多少农民会买这种洗地瓜的洗衣机呢?

张瑞敏并不是没有考虑到这些问题,但是,他仍然坚持生产这种产品,不久,用来洗地瓜的洗衣机诞生了,当然,这种洗衣机并不只具备洗地瓜的唯一功能,它不仅和普通洗衣机一样可以用来洗衣服,同时还可以用来洗地瓜和水果。

张瑞敏通过服务洞悉产品再创造的智慧为海尔产品创新打开了一条重要的通道。海尔产品的更新升级在同类家电行业中一直处于领先地位,尤其重要的是,海尔并不仅仅陶醉于这种"喜新厌旧"的产品开发,而是把新产品的开发紧紧地和客户服务联系在一起。在一般企业家眼中,新产品开发的第一宗旨是要满足和适应市场的需求,但是,满足市场需求并不一定意味着可以满足客户的需求。

　　而张瑞敏,对新产品的创意完全是根据服务中出现的问题及用户的实际需要进行的。这就比一般的对准市场更能够切近用户生活,更具有竞争力和生命力。因而,海尔的售后服务并不是一种单纯的"后产品时代"的服务,而是产品生产的延续以及新产品诞生的创意开发。

　　道家哲学宗师老子曾言:"夫物芸芸,各复归其根。归根曰静,是谓复命。复命曰常。知常曰明。不知常,妄作凶。知常容,容乃公,公乃全,全乃天,天乃道,道乃久。没身不殆。"什么意思呢? 万物生长总是从无到有,再由有到无,往复循环。万物复杂繁多,到头来还是要各返根源的,这种回返根源就叫做"静"、"复命"。这是万物变化的基本规律,不了解这个基本规律而轻举妄动,那就必然产生诸多祸害。而了解的人当然可以无事不通、无所不包。这样必然可以做到符合自然、符合于道。而一个人如果能够体道而行,终身才可免于危险。

　　深受道家哲学浸染的张瑞敏对这种万物循环往复的哲理可谓洞悉于心,并且创造性地运用于海尔的售后服务上,让海尔的售后服务不仅在时间上超越了所谓的产品之后的"封闭区间",而且,成为蕴藏新产品制造的前提和基础,这在客观上使得海尔售后服务成为一种蕴涵中国古老道家哲学意味的文化。

案例1·售后服务无小事

　　在中国大众的心目中,诸葛亮不仅是一位忠心耿耿的贤相,更是智慧的化身。其神机妙算、足智多谋一直传诵至今。乃至在企业界人们常常把那些富有智慧的企业家称作"小诸葛"。可见,学习诸葛亮的智慧,对于人的事业成功有重大意义。

　　诸葛亮曾曰:"勿以恶小而为之,勿以善小而不为。惟贤惟德,能服于人。"海尔售后服务的成功经验可以从多方面加以解读,但是,其中一个非常重要的方面则是具有诸葛亮的这种智慧。

海尔的早期售后服务建立于20世纪80年代中期,在当时家电卖方市场的情况下,海尔的售后服务系统就显示出强烈的"勿以恶小而为之,勿以善小而不为"的文化特色。张瑞敏曾经这样介绍海尔早期的售后服务:

"20世纪80年代中期,海尔就规定维修人员不能在用户家喝酒、吃饭、抽烟,不许收受用户的礼物,甚至不准喝用户的水,要喝自己带的水,这给用户留下了很深的印象。"

非常耐人寻味的是,一般企业在售后服务上不仅对于这些细节不会给予太多的关注,甚至认为微不足道;更有甚者,依仗自己的产品技术优势摆出一副傲慢冰冷的面孔。但是,海尔不仅从一开始就注意到售后服务中的小细节,而且,在企业发展壮大之后,把从小事着眼的服务宗旨进一步细化,坚决避免了企业售后服务重许诺轻兑现、重虚化轻务实、重大事轻小事的不良之风。由此形成了在海尔售后服务上追求"做小、做细"而不是"做大、做强"。

一个非常著名的例子是,海尔在空调安装中的钻孔问题。

众所周知,家庭室内安装空调最让用户心烦的是"钻孔"太脏了。因为安装空调的时候避免不了要在墙上钻孔,这样必然会飞出很多泥沙,这对于所有家庭而言,都是比较讨厌的事情,尤其是对于那些刚装修好的房间,房间被弄得一塌糊涂,给用户带来清理上的麻烦。

海尔服务人员对于这个问题十分留心,如何想办法解决这个钻孔给用户带来的麻烦,成为困扰海尔服务人员的棘手难题。

有一次,一位海尔工程师在为一名用户安装空调时,落下的沙石正好落到房子烟囱的风口附近,被里面的负压一下子吸得干干净净,这顿时给这位工程师极大的启发。他立刻埋头试验,经过一段时间的反复研究,这名工程师根据负压原理发明出了"无泥水钻"安装技术,它并不是一个钻头,而是一个附在钻头上的装置,可以在安装空调的过程中,把泥沙混在水流中全部被管子吸走,这样安装过后可以保证不会留下一点灰尘。现在,无泥水钻安装空调技术已经成为海尔的一项专利,每个海尔空调的用户都可以放心地在装修之后再安装空调了。

一个小小的安装中的钻孔问题,就这样成为衡量海尔服务和其他家电公司服务质量的标尺,可是,这种服务质量的比拼并不是最重要的。一个显而易见的事实是,安装空调中的钻孔留下的灰尘问题,每个生产空调的企业都遇到过,但是,为什么只有海尔的服务人员把这个小小的钻孔"当回事",是海尔服务人员比其他企业服务人员更聪明吗? 答案是否定的。这是海尔企业服务文化中重视一切小问题的积淀,让海尔服务人员自觉地养成了一种售后服务无小事的思维模式。

对此,我们可以通过海尔售后服务上推出的五项服务承诺,来洞悉海尔售后服务"做小、做细"的服务文化内涵:

一证件:上门服务出示"服务资格证"。

二公开:公开出示海尔"统一收费标准"并按标准收费;公开出示"一票到底"服务记录单,并请用户在服务记录单上签署意见。

三到位:服务后清理现场到位;服务后通电试机演示到位;服务后向用户讲解使用知识到位。

四不准:不喝用户的水,不抽用户的烟,不吃用户的饭,不要用户的礼品。

五个一:递上一张名片,穿上一副鞋套,自带一块垫布,自带一块抹布,提供"一站式"产品通检服务。①

细节决定成败。这是商界一直信奉的经典。其实,这些话的价值很早就被那

---

① 胡泳:《张瑞敏如是说》,浙江人民出版社 2005 年版,第 108 页。

位智慧的化身诸葛亮以道德训诫的方式指出,虽然古人以此用来警示人的道德行为,但是,这并不妨碍其适用于其他一切行为规范上。用我们现代的商业眼光来看,当一个企业在售后服务上面对任何细节、小节都给予特别关注的时候,它所起到的作用在于让客户对企业充满了信任感和依赖感。

如果说空调钻孔问题还算不上真正"小事"的话,那么,海尔售后服务中对待鞋套的态度,可以更好地证明海尔售后服务无小事的文化理念。对此,有记者为我们讲述了这样一个意味深长的故事:

海尔售后服务工程师与其他家电品牌一个重要的不同之处,就是鞋套上的区别。除了海尔,几乎所有品牌的上门服务人员使用的都是塑料鞋套,而海尔使用的是布鞋套。

塑料鞋套,一只8厘,一双1分6;布鞋套,一双1元钱,相差60多倍!仅仅是一双鞋套,值得吗?值得!因为这来自消费者的抱怨。

购买家电的用户大多是刚搬进新家,地板都是崭新的,主人也格外爱护。如果穿着塑料鞋套走在地板上,只要不小心沾上一粒小小的石子,就有可能给地板带来划痕。因为安装家电要经常出入阳台,这种情况时有发生。而如果穿着布鞋套,由于布的面料有一定的包容性,就不会产生这种情况。为了考察布鞋套的使用效果,海尔总部负责售后的张部长整整穿着布鞋套上了三天班!这样一个小小的细节也会让海尔如此关注,怎能不令人感动?

设身处地为他人着想,海尔在售后服务时注意"小事"中的"大事"。需要特别指出的是,这一富有中国民族文化特色的道德训诫,并不意味着大事就不决定成败了,而是说当企业只关注售后服务中的大事的时候,不仅给客户留下了许多小麻烦和隐患,暴露了企业在售后服务上的盲区和死角,而且,也给那些专注于扫除小麻烦的企业售后服务系统提供了难得的机遇,使得这些企业可以利用别人没有做到的服务进一步提高自己的形象,赢得客户的信任。

日本著名的企业家松下幸之助曾说:凡事皆有"萌生"时期。从小至大,应敏感地把握事物的"萌生",善加处理。如员工的气色、工厂的空气、工作的态度、金钱的动向等,即使微小的变化,也要有所警觉。请各位同仁以胆大心细的态度、敏锐的感觉,再加上观察、判断、分析、处理,这样才是对工作应有的认识。松下幸之助虽然说的是员工管理中的注意细节、小节,但是,对于售后服务也具有同样的重要意义。只有善于敏感地把握售后服务的"萌生",并且善于处理,才有可能做好服务这个大工作。

松下的经营智慧其实并不新鲜,其经营哲学很容易让我们想起东汉时期那个经典的故事:

东汉时有一少年名叫陈蕃,自命不凡,一心只想干大事业。一天,其友薛勤来访,见他独居的院内龌龊不堪,便对他说:"孺子何不洒扫以待宾客?"他答道:"大丈夫处世,当扫天下,安事一屋?"薛勤当即反问道:"一屋不扫,何以扫天下?"陈蕃无言以对。

张瑞敏领导的海尔想做的是"扫天下"的大事,但是,张瑞敏知道能够"扫天下"一定是从"扫一屋"开始的。所以,在售后服务上,即使一点一滴的小事,他都会严格要求员工做到。正是深受上述中国民族传统美德与文化的熏陶和感悟,张瑞敏创造的海尔售后服务才会在不起眼的、琐碎不堪的小事中成就了海尔的大事。

案例2·零距离服务

售后服务不仅仅为已经销售的商品做后续的工作,更创造了新产品市场开发的机遇。这是张瑞敏在售后服务中始终坚持的文化理念。在这个理念的影响下,张瑞敏在中国企业家们忙于产品质量的时候,率先推出了星级服务;在别的企业完善服务体系构建自己的星级服务体系的时候,他又把售后服务推向了更高的境界:零距离服务。

所谓的"零距离服务",是一种随用户个性化需求变化而变化的动态服务,只要用户有需求,海尔就必然会提供与之相适应的服务。从这个意义上说,张瑞敏的"零距离服务"是无限的。海尔不仅仅将服务作为一个卖点,而且是将其作为一种观念来培养、作为一种品牌来缔造。①

海尔"零距离服务"一经推出,立刻受到消费者的欢迎。此前的售后服务是纯粹的商品销售之后的服务,无论如何精细到位都无法改变商品已经成形的现实,而"零距离服务"则是把销售后的服务与客户对产品的需求完全结合起来,对于商家而言,赢得了一份市场订单,而对于客户而言,则是把被动地等待商家服务变成一种主动的选择商品的购物行为。

2003 年 8 月 8 日上午 9 时 50 分,海尔冰箱事业部售后经理在网上接到上海一位用户的邮件:"听说海尔的产品可以定制,我们结婚正想买一台冰箱,能否把我们的婚纱合影照做到冰箱门上,留作纪念?"这位用户还特意在电子邮件里附上了照片。

冰箱事业部立刻回复:"可以。订单订购成功后,7 天后交货。"5 分钟后,这份订单传到了冰箱开发部。

下午 3 时,机型确定。

4 天后,所有货料采购完毕。

8 月 13 日,在冰箱事业部,海尔的柔性制造系统实现了网络经济所要求的把大

① 林赛:《商儒张瑞敏》,现代出版社 2009 年版,第 116 页。

批量生产变成大批量定制,用户的个性化需求得到满足。

当天下午4时,婚纱照冰箱下线。下线产品发进仓库,海尔劳动物流的运输车根据网上订单指令已等在门口。两天后,这台婚纱照冰箱如期送到那位用户家中。①

海尔的"零距离服务"为海尔赢得了巨大的商业市场。据研究资料显示,定制冰箱推出后,短短一个月的时间,海尔就收到了100多万台的订单,目前海尔生产线上的冰箱有一半是按照全国各大商场的要求专门定制的。与海尔冰箱的年销售量相比,100多万台的订单虽然算不上天文数字,但是,对于电冰箱市场博弈十分惨烈的状况而言,在无数商家不惜降价甩卖的情况下,客户们居然主动把100多万台的订单交给海尔,这足以证明海尔从产品生产到销售经营、售后服务各个环节上的巨大成功。

海尔售后服务上的"零距离"是海尔服务体系发展中的一次巨大转型,正如有的研究者所指出的,海尔的"零距离服务"标志着海尔经营观念的大转变——由制造业向服务业转移的具体行动。这种说法是非常富有见地的。

但是,这种富有智慧的服务绝非张瑞敏一夜之间凭空想象出来的。海尔的"零距离服务"能够在中国商界横空出世,与张瑞敏从一开始就特别注重售后服务业与制造业之间的相互转化的企业文化观念直接相关。

据报道,在张瑞敏最初提出建立售后服务系统的时候,遭到了巨大的阻力和考验。他曾在一次高层干部会议上如此说:

"社会发展到了今天,企业就不应该仅仅是制造业了,它还应该是服务业。企业生产的最终目的不仅仅是获得利润,而是用自己的产品造福于社会!以这样的

---

① 林赛:《商儒张瑞敏》,现代出版社2009年版,第117页。

观念来检查我们的工作,你看,我们的产品卖掉了,是不是完事了? 我看还没有,还有一个售后服务问题。"①

如果说此时张瑞敏提出的制造业和服务业之间转型的观念,还主要在于认识到制造不是单纯的制造,而是与服务联系在一起的系统制造业,那么,其推动的直接后果则是海尔星级服务的诞生。而当新的经济时代来临之后,当个性化的需求已经成为市场不可阻挡的主导形态之后,海尔已经成熟的服务制度为"零距离服务"的缔造奠定了坚实的基础。否则,张瑞敏即使有再好的想法,也难免陷入巧妇难为无米之炊的陷阱。在这个意义上,与其说是张瑞敏的个人智慧促进了"零距离服务"思想的产生,不如说是海尔长期培育的企业文化,为"零距离服务"的产生提供了最坚实的土壤。这正如张瑞敏所说:

"市场经济条件下的售后服务应分为三个阶段。第一个阶段,以生产为导向,以生产产品为唯一目的。第二阶段,以市场营销为导向。不但要生产,还要把它销售出去。第三个阶段,以企业文化为导向。一个企业的文化应该同社会文化融为一体,服务的情感化,简单来说就是把单纯的买卖关系变成人与人之间的情感交流,这一点是最基本的,也是最重要的。"②

本章启示

一位享受过海尔售后服务的客户曾经撰文这样赞赏海尔:

"海尔真正把顾客导向意识贯穿到了自己的企业行为之中,其超乎常人的

---

① 林赛:《商儒张瑞敏》,现代出版社 2009 年版,第 114 页
② 胡泳:《张瑞敏如是说》,浙江人民出版社 2005 年版,第 110 页。

执行能力让人佩服。不仅顾客想到的他都替您想到了，而且顾客没有想到的他也替您想到了，更难能可贵的是他还把这些都做到了。比如，0小时内上门服务，自带鞋套、垫布和抹布，送纪念品一份，及时回访等。作为一家大型企业，牵一发而动全身，没有深厚的管理功夫是绝不可能做到这样的。"①

　　客户对海尔售后服务的赞誉是对张瑞敏服务理念正确性的最好证明。海尔能够从单纯的制造业重视产品质量，成功实现向服务业的转型，这与张瑞敏接受烂摊子之后为企业量身定做的服务观念血脉相连。虽然张瑞敏为海尔决策的最高领导，但是，在国内没有人认识到产品售后服务重要性的时代背景下，投入巨大的财力构建海尔售后服务体系，其遇到的困难和阻力可想而知。当海尔成功地打造了国内第一流的星级服务体系，享受着客户赞美的时候，张瑞敏却出人意料地对星级服务再次"升级"，把个性化服务观念注入成熟的海尔服务体系中，这保障了海尔在新经济时代再次站在了领先者的地位。

　　孟子说："天将降大任于斯人也，必先苦其心志，劳其筋骨，饿其体肤，空乏其身，行拂乱其所为，所以动心忍性，增益其所不能。"在我看来，缔造海尔售后服务的过程固然离不开这样的考验，但是，更大的考验则是百尺竿头更进一步的自觉意识。这既需要个人的睿智和魄力，更需要一个人的文化修养，做一名赢利的企业家固然很难，但是，成为一名有深厚文化修养的企业家更难。张瑞敏依靠丰厚的文化底蕴打造了海尔的企业文化，又以海尔企业文化为平台缔造了海尔一流的售后服务文化体系。这种售后服务文化体系充满了中国民族踏实务实、本色自然、关爱人性的文化主题，同时对于今天企业售后服务的建立具有重要的启示意义：

---

① 胡泳：《张瑞敏如是说》，浙江人民出版社 2005 年版，第 109 页。

第一,售后服务内容不要单纯追求"做大、做强",要坚持"做小、做细",为客户服务的事情越小、越细,越能体现服务的到位和全面,越容易形成本企业服务的特色。古人说:"不积跬步,无以至千里。"其实,真正的售后服务就是比拼企业领导的耐心和细心。

第二,售后服务不是为产品销售偿还未尽的义务,而是开发新产品、新市场,发掘新机遇。"顾客永远是对的",并不仅仅是为了让服务完全满足客户的意愿,而是要从客户的要求乃至不合理要求中寻找新产品开发、创意的智慧。

第三,售后服务要做到本色自然、朴实无华,要靠心与心的交流去换取客户的信任,而不是用空洞的许诺骗取客户。"真诚到永远"虽然是海尔服务的广告语,但是,海尔并没有仅仅把这个原则作为广告,而是作为现实中服务的基本原则,这才保证了售后服务的真诚。这是一种发自内心的真诚,超越了金钱和物质交换层面的商业关系。

第四,售后服务要适应现代市场经济发展的历史趋势,体现出个性化、多元化的趋势,实现从为自己企业产品服务向为消费者服务的转型,打破死板教条的根据服务项目内容做事的思维,让服务人员根据客户个性需求进行服务。

第六章

海外服务文化

永远不对市场说"不"

在商界人人皆知这样一个寓意深刻的故事：

一次，有两家皮鞋厂各派了一名推销员到太平洋上某个岛国去开辟市场。两个推销员到达后的第二天，各给自己的工厂回复了一份意见。第一个人说："这座岛上没人穿鞋子，我明天搭第一班飞机回来。"另一个人则说："好极了，我将驻守此地，这个岛上没有一个穿鞋子的，这是一个潜力巨大的市场。"

能够在没有市场的地方开发出属于自己的市场，这无疑是衡量一个企业家经营能力的重要标志。张瑞敏缔造的海尔冰箱，在完成了国内"一统江湖"的任务后，把眼光盯上了欧洲和美国市场，这种开放市场的方式非常类似于上面的那个故事：海尔冰箱技术本身就来自于欧洲，而美国的家电市场更是一直称雄世界市场，想在这两个市场中切一块蛋糕，即使不说是鸡蛋碰石头的自杀行为，也无异于班门弄斧的自不量力。因为海尔的经济实力和品牌知名度都无法与欧洲和美国市场上的同类家电相抗衡，这完全属于重量级和轻量级两个不同级别选手之间的较量。

令人不可思议的是,张瑞敏居然做到了,不仅成功地打开了欧洲和美国两大家电市场,而且,更令人惊奇的是,张瑞敏并不是仅仅依靠海尔产品质量、经营策略、管理制度赢得了这场比赛,还通过独特的海外服务文化征服了欧美家电市场。

道家哲学创始人老子曾说:"祸兮福之所倚,福兮祸之所伏。"意思是祸与福互相依存,可以互相转化。比喻坏事可以引出好的结果,好事也可以变成坏事。深谙道家哲学的张瑞敏在这种博大精深的辩证哲学中体悟到了开发海外市场的路径。

众所周知,美国和欧洲的制造业一直在世界上处于领先地位,以家电制造业为例,在美国市场上,人们只知道惠而浦,在欧洲市场,人人都知道西门子,海尔对于他们而言根本就是陌生的。张瑞敏深知如果仅仅通过产品质量的硬碰硬最终失败的只能是海尔,但是,美国制造业的强大并非铁板一块,而且,制造业的强势地位恰恰也是美国市场控制方面的盲点。当所有的美国消费者过分依赖和迷恋美国制造的强大的时候,同样先进的美国服务业会被先天地掩盖和遮蔽,而且,制造业越强势,与之相关的服务业就越容易处于弱势。这可谓是美国制造业市场竞争中的致命伤。

为此,张瑞敏别出心裁地选择了美国大学生消费群体作为突破口,因为美国大学生群体的思想活跃,更容易接受外来的新产品,而且具有相当庞大的消费潜力。而用来主攻美国大学生家电市场的产品则是海尔的拳头产品——冰箱,正所谓好钢要用在刀刃上。因为这一次的较量很可能决定此后海尔集团能否在美国生存下去的命运。所以,张瑞敏必须祭出海尔最厉害的杀手锏。

由于美国大学没有固定的宿舍,大学生一般都是自己出去租房子居住。为了节约房租以及减少搬家带来的麻烦,大学生们一般尽量避免为租住的房子添置家具,但是,对于一些日常生活必需的家具又不可或缺。了解到这个情况以后,张瑞敏让技术人员把生产的冰箱做了专门的技术处理,冰箱不仅可以像桌面一样,当做小桌子来使用,还在冰箱外面专门加上一块折叠板,可以在上面放电脑。此种产品在美国一经推出,立刻受到大学生的热烈欢迎。海尔依靠这样一款看起来似乎并没有什么特别的冰箱,成功地敲开了美国电冰箱市场的大门。

"从海尔第一次进军美国市场,到 2005 年,仅仅数年的时间,海尔已经拥有了美国 35％的小冰箱和 50％的酒柜的市场份额。在《欧洲透视》的统计中,按销售收入排名,海尔已位居世界白色家电第四名。我们的目标是做到第一位。有人说中国企业做代工更合适,但做到世界级的代工其实非常难,做不到世界级就没出路。"①

许多企业家和研究者把张瑞敏这次成功进军美国市场,归功于张瑞敏市场产品开发的智慧,这种理解只能算是看到了海尔海外市场扩张成功的表象。因为,在这次海尔冰箱打入美国市场的博弈中,张瑞敏最成功的地方并不是技术上的创新,换言之,冰箱还是那个冰箱,只不过多了一块折叠板而已。所以,这根本不能算是技术上的对美制胜。

那么,是什么决定了张瑞敏的成功? 这就是海尔的海外服务文化系统。

服务质量的提高不仅可以通过服务自身系统的完善来完成,还应该充分利用制造业与服务业之间的差距来提升。这是张瑞敏发展海外客户服务的第一个重要内涵。服务的最终宗旨并不在于仅仅让顾客满意产品使用后的维护,而是要建立产品质量、生产厂家、销售购买等方面的满意度和幸福感。这固然可

---

① 张瑞敏:《张瑞敏谈商录》,哈尔滨出版社 2005 年版,第 89 页。

以通过提高服务人员的素养和服务制度的规范来完成,但是,在海外市场服务质量同样非常强的情况下,这种再提升的过程就会遭遇没有空间的"瓶颈"。面对美国家电服务的高质量水准,张瑞敏无法创造出海尔服务与美国家电服务的巨大差距来,但是,借助美国家电制造业过于强势而导致的服务相对较弱的漏洞,他从海尔服务的细微处入手,去做美国服务业不屑于去做的细节,以此在细节上赢得了美国市场。

一切海外产品的生产首先要服从海外客户的服务需要,这是海尔海外服务文化的第二个重要内涵。张瑞敏打破了海外服务仅仅满足于产品安装、维修等基础框架的束缚,要求产品开发、生产、销售必须和服务形成一种内在的关系。进入美国大学生消费群体的海尔冰箱的功能并不是仅仅局限于冷藏、储存,而且要服务于大学生现实生活中的多种需求。这样的思维模式,在本质上颠覆了先有产品再有服务的僵化服务理念,而是做到了先有服务后有产品的崭新服务观念。正是依靠这样的服务意识,海尔征服了美国市场。

海外服务必须遵循海外客户使用产品与国内的差异性,这是张瑞敏海外服务文化的第三个重要内涵。同样是电冰箱的使用,在美国和中国有着巨大的差异性,那么,与之相对应的服务也应该分别体现出来这种差异性。在美国,人的思想相对比较开放,对产品的个性化需求也更为明显。而服务是一个内涵包容性极其广大的范畴,从产品销售服务、售后服务到预定产品服务,都要顺应和满足美国市场与国内市场之间的差异性,不能把国内的那一套服务系统移植过来。即使海尔的服务在国内属于第一流的,但是,在美国市场上,由于使用对象不同,再好的服务都不再具有可比性。在这个意义上,海尔的海外服务要另起炉灶、重新定位。

中国人常说,最危险的地方也是最安全的地方。在美国家电市场这个最危险的地方,海尔居然成功地打开了一扇门,这正应了道家哲学祸福相依、好坏相互转化的辩证法。这在证明张瑞敏领悟了道家文化哲学成功经营企业的同时,还为今天企图进军海外市场的企业家们如何构建自己的服务文化,提供了一个重要的参考。

案例 1 · 中国式服务

酒柜是美国家庭非常普通的用品,张瑞敏对酒柜的成功开发,顺利地让海尔进入了美国市场,为海尔赢得了巨额的商业利润。不仅如此,在开发酒柜中表现出来的聪明睿智的故事,更成为今天企业服务文化进军海外市场的成功典范。

一开始,当张瑞敏提出进军美国酒柜市场的时候,许多管理者均对此持反对意见。由于打入美国市场的这种酒柜是一种自由式酒柜,而当时美国市场上销售的酒柜都是嵌入式的,厨房里都有一个密度板,这和海尔设计的酒柜理念有着根本的差别,因此,人们担心自由式酒柜在美国市场根本不会有销路。

但是,海尔通过崭新的服务理念打开了美国酒柜市场的大门。他们先是派人对美国酒柜市场进行了大量而详细的调查,通过了解客户和消费者的审美需求,研究和制定酒柜的制作理念。

没过多久,海尔设计的酒柜正式出现在美国市场上。这种酒柜彰显中国本土文化的理念,尤其在外观上更是突出东方文化的细腻精美,大大吸引了美国消费者的兴趣,立刻得到了美国家庭普遍的认可。许多美国中产阶级纷纷购买海尔的酒柜,放在家里陈列葡萄酒的同时,还当成一件中国文化的艺术品展示。

一次,张瑞敏去美国,有一个公司的雇员告诉他,为了买海尔生产的这种酒柜,费了很大的力气,跑了好几家商场才买到。张瑞敏听到美国人这样说,当然非常高兴。可是,这位美国人又郑重地告诉他,这种酒柜存在着一个非常大的问题,如果他的酒有名贵的也有普通的,一并存放在这个酒柜里,好的放在透明的地方,不好的放在不透明的地方,当有朋友来家里的时候,而他又不想招待名贵的好酒,可是,客人看到酒柜里有好酒而用普通酒来招待他,必然心里很不舒服。

无独有偶,张瑞敏有一次在上海,也有一个消费者向他反映同样的问题。张瑞敏听后,立刻和技术人员联系,专门向他们反映了消费者的意见。技术人员对此非常重视,经过一段时间的研究开发,终于发明了一个元件,只要把这个元件安装在酒柜上,打开这个元件的开关后什么都看得见,不打开就都模模糊糊,看不清楚。如此一来,酒柜的主人就可以在招待客人的时候,根据自己的意愿自由选用酒了。

在这个事例中,一个小小的元件,不仅使得酒柜多了一大功能,而且,还成功地迎合了人的情感需要。人与人之间的情感总是存在亲疏远近之分,在美国这个盛行葡萄酒招待客人的国家,究竟招待客人一杯普通的还是高级的葡萄酒,这显然直接关涉到朋友相处的重要问题。有人把张瑞敏在此事中表现出来的智慧,归功于他的细心,这当然是不错的。但是,细心毕竟是属于一个非常宽泛而模糊的概念,在这个事例中,我们绝不应该漠视张瑞敏打造的海外"中国式服务"。

入乡随俗是中国民族文化的重要特征之一。毛泽东曾经批评某些僵化教条的不正之风,指出应该到什么山上唱什么歌,看菜吃饭量体裁衣。这句话说起来容易,真正做起来却是非常困难的。其中,一个非常重要的原因往往并不在于实际面对的客观困难,而在于人是否愿意主动放下原来的思维观念。正如古语说的:"江山易改本性难移"。对于海尔这样资本雄厚的大企业,在国内家电市场长期处于龙头老大地位,想彻底放下架子屈从海外市场消费特点,总不会那么容易。

为此,张瑞敏特别强调了进军海外市场必须坚持的"本土化发展战略",即首先选择一个最适应当地消费习惯的产品为切入点,把它做好,然后在此基础上以本土化设计将其他海尔产品源源不断地引入当地市场。

"本土化发展战略"对海尔的海外服务理念产生了直接的影响，一切服务都必须以当地人的消费趣味作为标准，彻底放下海尔已经成型的生产和服务标准体系，即使在国内这种服务是非常成功的。这在本质上是中国民族文化的智慧，也是张瑞敏梦寐以求精心打造的海尔海外服务文化的思想主旨。

在这种服务思想的引导下，海尔在美国开发的家电产品，都不是海尔原来的产品，而是专门用来针对美国市场设计和生产的。例如，出口到美国的"大统帅"海尔冰箱，就是根据海外服务人员对美国客户的调查，吸收了美国客户的审美需求，及时把相关信息反馈给生产研发部门，再由技术人员对产品进行加工制作，以此专门为海外客户服务。

张瑞敏在美国市场投入的这种酒柜，名字叫做飘威酒柜。其外观华美精致，采用了磨砂玻璃门、曲线造型，配以柔和的内部灯光、滑动式镀铬食品架的自由式酒柜。它完全是根据本土消费文化而量身定制的。据报道，不到两年时间，海尔酒柜从一个产品发展到 12 个系列，从第一代发展到第四代。第四代酒柜是从法国聘请的酒柜名设计师的杰作，融实用、时尚与欧洲浪漫于一体，并于 2001 年荣登美国《国际酒品》杂志的封面。该产品现已占据了美国酒柜市场 60% 的份额，而且价格比同类产品整整高出 1 倍。①

许多人对于张瑞敏在美国酒柜市场开发的成功难以理解的一个地方在于，这种产品的设计明明出自西方人之手，为什么保持了中国本土服务文化的浓厚风格。其中最重要的原因在于张瑞敏缔造的本土企业文化对于所有海尔服务人员的熏陶和浸染。由于中西文化之间必然存在差距，如何在尊重文化差异的前提下，让所有

① 胡泳：《张瑞敏如是说》，浙江人民出版社 2005 年版，第 194 - 195 页。

海尔服务人员都秉承海尔的服务文化,是张瑞敏长期致力的事情。当来自不同文化国度的技术人员进入海尔集团之后,都会在不知不觉中受到海尔服务文化的强烈影响。

越是民族的就越是世界的。产品如此,服务也同样如此。当海尔高举中国本土文化特色的服务理念,开拓出一片广阔的市场之时,张瑞敏构建的海外服务文化也在重重考验当中,获得了新的生存空间。这正如海尔产品落地生根标志着中国制造在美国的诞生一样,海尔在美国消费市场上体现出来的别具一格的中国民族儒家智慧,也在商业文化领域传播着中国文化的神奇魅力。

案例2·帮助用户成功

送人玫瑰手留余香。"君子成人之美"长期作为中国传统文化的一个重要内容被人津津乐道,张瑞敏把中国民族特有的热情服务通过海尔服务传输到了大洋彼岸,让美国人见证了中国海尔服务的同时,也领略了中国民族文化的魅力。

曾经有美国电视台的记者采访张瑞敏并且向他提出了这样一个问题:海尔这些年为什么能够成功?或者说,海尔成功的秘诀是什么?

张瑞敏如此回答了美国记者的提问:海尔之所以成功是因为我们不断地在帮助我们的用户成功,在用户成功的过程当中自身也获得了成功。就是这么一个关系,你不可能去损害用户一点利益,如果你损害了哪怕一点,你就不会成功,只要用户不成功,你就不会成功。怎么样帮助用户成功呢?就是帮助用户解决他的问题,满足他的需求,这就是帮助他成功。

"海尔小康专列"帮助客户成功的故事,就是其中最著名的一例。据人民网记者方容报道:

2002年12月，海尔正式启动了"海尔小康专列"活动。该活动由海尔集团总部所在地青岛启动，有一辆专列满载着海尔小康系列12大门类、千余种产品。每到一个城市，海尔都邀请当地的经销商、消费者、海尔俱乐部会员到现场感受、体验海尔小康产品。

12月31日，当小康列车刚驶进南京车站之后，一位闻讯来参观的女士走到海尔商用空调展台前，表情焦急地寻找着什么。细心的海尔工作人员发现了，立刻热情地上前询问，这才知道：这位女士准备开一个水产批发店，要将一种进口的"白鳞刀"鱼作为招牌鱼种。这种"白鳞刀"鱼产自北方极寒地区，在国外一直被当做贵族鱼享用。但由于"白鳞刀"鱼对冷藏条件要求极高：不仅要求零下18℃的储存温度，而且必须恒温保存，温度波动不得超过±0.5℃。所以至今为止，南京还没有一家水产公司引进。

海尔商用空调工作人员了解了情况后，马上电话反馈给青岛总部并组织开发人员进行开发研究。

第二天一早，当一套完全根据冷库要求设计的"冷库空调"设计方案送到这位女士手上时，她惊呆了，她简直不敢相信自己的眼睛，她没有想到困扰自己半年多的难题在海尔这里竟然一个晚上就解决了。

"白鳞刀"鱼的储存条件必须满足两点：一是压缩机要采用冷冻压缩机，而且必须24小时稳定工作；二是送风必须均匀，这就要求管路铺设、送风栅设计要根据用户冷库条件进行合理架设。2003年1月3日，"白鳞刀"商用空调已安装到位。"白鳞刀"空调因此而得名。

"白鳞刀"空调的故事诠释了海尔启动"小康专列"的另一个目标：帮助客户成功。这是张瑞敏着意强调的理念，就是说你要想方设法帮你的客户降低成本，让你的客户赚钱，只有你的客户成功了，你才会成功。

"小康专列"这个全新的流动专卖店一路走来,创出了一连串帮助客户成功的范例。专列每到一个城市,都在当地引起轰动效应,当地媒体竞相报道,消费者竞相登车直接体验小康产品。巨大的宣传效应拉动了当地海尔产品的销售,而当地终端消费者提出的设计方案,无疑可以使海尔设计出更好地满足当地消费者需求的个性化产品,这都直接帮助当地经销商获得了成功。

为帮助客户成功,海尔的客户经理们还轮换在"小康专列"当值。海尔流程再造后,营销人员的名称改为了客户经理,同时,职责也发生了彻底改变,不再只是把产品卖出去了事,而是必须完成四项任务:帮助客户的销售增长,帮助客户的毛利率提高,帮助客户的资金周转速度提高,负责"一票到底"地解决客户问题。

客户经理们在专列上演绎了诸多帮助客户成功的故事。专列在广州站停靠时,来自梅州兴宁的家电经销商陈吉波经理提出了一个要求:"像这款双动力洗衣机,洗涤效果和手洗一样,我们那边都想要,不过因为乡村没安自来水,没有水压就不能使用全自动洗衣机。这个问题能不能想办法解决?"

"能解决,我们可以为您开发'零水压'双动力洗衣机。"海尔的客户经理立即将这一信息反馈到总部,列车还没从广州站出发,总部便传来信息:"零水压"洗衣机已设计完成,可以接订单了。

与陈经理签完订单后,客户经理又帮助陈经理提炼了卖点,策划了销售方案。

据悉,目前这款"零水压"自动洗衣机,已开始走下流水线,将以"吉波双动力洗衣机"命名,于近日亮相全国。

帮助客户成功带来的是海尔的巨大成功。"小康专列"给海尔带来的无形的影响力更是深远而持久的。海尔正是这样的一个公司。①

---

① 人民网,www.people.com.cn.2003 年 1 月 13 日。

服务是为了满足产品生产和销售的需求,满足客户的需求是服务的原始目的,能够做到让客户满意是所有商业服务的共同追求。但是,满意本身又有服务质量高低的差别。一般而言,令顾客满意的服务只要能够信守承诺,把产品按时运输到消费者指定地方并及时安装,在安装维护的过程中能够做到耐心细致即可。

在商业服务充斥浮躁之风的今天,能够做到上述的服务实属不易。至少与那些空洞的许诺甚至欺诈有本质的区别。但是,在张瑞敏的海外服务思想中,这样的服务算不上真正的服务,因为这不过是所有商家都必须兑现的一种义务而已。之所以人们对这样的服务表示满意,并不是因为这种服务质量高而是商家丧失了服务道德意识。张瑞敏要做的海外服务并不是义务层面上的东西,而是上升为一种自觉地为客户创造成功条件的服务。为此,张瑞敏在海外服务上完成了两个关键的措施:

"整体的系统"是张瑞敏创造帮助客户成功服务的重要内容。张瑞敏指出:

"现在许多企业都有服务部门,用户有了问题,找售后部门或电话中心或咨询部门就行了,与我无关。其实这种想法错了,用户要解决的问题不是哪个部门、哪个人能解决的,必须动员企业所有的力量、所有的部门来加以解决,就是所有资源整合起来解决,否则别人没有办法来解决。这是对企业而言。而对用户而言,服务意味着什么呢? 服务意味着用户的满意,它并不是解决了已经出现的问题,而是可以给用户解决潜在的问题。就是说我们往往把服务理解为我给你上门服务了,我给你咨询了,我做得很好了,你很高兴了。"①

例如,进入美国市场的酒柜,当消费者购买了这些产品进入家庭并使用之后,发现给他们提供服务的并不仅仅是酒柜本身,而是海尔公司服务人员为酒柜功能

---

① 张瑞敏:《张瑞敏谈商录》,哈尔滨出版社 2005 年版,第 76 - 77 页。

的专门设计。通过加装一个小小的元件之后,酒柜就可以在陈列美酒的同时,介入了人与人之间的社会交际。由于这种服务的介入具有非常强的隐蔽性,往往不引起人们的注意,但是,围绕海尔酒柜的服务却在客观上帮助了客户成功处理人际关系。

但是,这个服务功能的实现并不是海尔某个孤立的部门完成的,也不是海尔哪一个人完成的。从表面上看,这种服务的创造思想源自酒柜的设计师,在深层上,则是海尔服务系统所有部门整体参与的结果。从前期的市场调研、中期的销售服务到售后服务维护,用户的抱怨或者反馈意见在服务系统中得以顺畅地运转,假如其中有任何一个环节或部门出现了阻滞,就不可能保证相关服务的正常进行。

"零距离"则是创造服务帮助客户成功的另一个重要支撑点。在上述酒柜服务一例中,酒柜的设计和生产销售本来是以固定的产品样式出现在市场中,然后再由客户购买回家,由此发生海尔企业与客户之间的服务关系行为。张瑞敏的"零距离服务"打破了这种直线式的单向服务性质,充分地利用了新经济时代电子商务迅捷反馈的功能,在第一时间得到了客户对产品的意见。通过这样的服务,客户购买的产品已经不再是海尔按照自己的技术理念设计的产品,而是融入了客户个人的需求和爱好。而客户对产品提出的个性化需求实际上完全是出于现实生活中的需要,帮助客户完成这样的愿望,实际上就是在帮助客户成功地完成他想做的事情。美国市场上海尔酒柜的畅销,固然与产品质量过硬、外观优美、功能多样有着直接的关系,同时,还与美国客户意想不到的——海尔帮助他们成功有着内在的关系。

北京大学光华管理学院副院长张维迎曾说,过去很多人都把客户关系看成一种短期行为,一个长期发展的企业,一定要跟客户建立起关系性和约,也就是说你应着眼于长远利益,不要因为短期内赚钱而对客户不诚实。张瑞敏的帮助客户成功的服务文化,正是因为彻底消除了这种客户关系中的短视行为,才能够获得如此巨大的成功。

本章启示

日本著名企业家松下幸之助曾提出著名的"服务的总量"的概念,他说:

"我们生活在这个世界上,一面接受别人的服务,一面也贡献自己的力量。如果每个人都乐于接受而吝于付出,则整个社会将渐趋衰落。倘若所有的人,都能以各种方式回报社会,所得的利益由每一分子均分,那大众的生活水准就会提升,社会也就渐趋繁荣。无论任何人,自己对别人服务的总分,一定要比接受服务的总分高,这应当成为个人以及公司的原则。这个道理想通了,就知道自己该做什么,该想什么,以及自己的责任所在。"①

历史总会出现惊人的巧合。张瑞敏在海尔的海外服务文化中体现出来的智慧与松下的"服务的总量"具有惊人的相似性。海尔人让海外服务超越了简单的商家必须履行的义务,成为企业主动帮助客户、为客户创造成功的自觉意识。这实际上意味着海尔通过海外服务渠道,在向西方民族传播中国企业文化理念方面做了积极付出。如果说松下的付出为本公司赢得了世界声誉的话,那么,海尔在海外服务上积极、自觉地为客户创造成功的理念,则打破了海外制造业一统天下的局面,"中国制造"第一次进入了欧美市场,并且成功地扎根、发芽、成长。

张瑞敏的这种服务思想常常让我们想到道家文化中大巧若拙、大智若愚的哲学理念。当一个企业家斤斤计较商业利润,一切服务都局限于赢得商业利润

---

① 潘竞贤,周来阳:《松下幸之助管理日志》,中信出版社 2010 年版,第 236 页。

的时候,这种看起来精明的服务往往不能带来预期的效果。相反,张瑞敏这种看起来失去太多、舍得太多的愚笨思想,却总能给企业带来意想不到的惊喜。这其实正是中国民族的大智慧,虽然这种智慧被运用于商业经营而声名远扬是来自日本的松下幸之助,但是,张瑞敏最终还是凭借海尔的崛起让道家哲学智慧发出了金属般的光泽。这是张瑞敏个人开创事业的成功,也是中国道家哲学漂洋过海传播到海外市场的成功。

综观张瑞敏海外服务文化的成功经验,可以为我们今天的企业家有所借鉴的至少有如下几个方面:

第一,海外市场的开发并不一定走产品质量这个独木桥,可以通过制造业过于强势下服务业相对弱势的特点,从提高海外服务业质量入手,避开与强大企业资金与技术上的交锋,以自己服务之长遏制对手,凸显企业海外开发的强势地位。任何强大的海外市场都不是铁板一块,只要找到合适的突破口,就可以做到永远不对市场说"不"。

第二,海外服务业既需要技术的投入,更需要文化的支持。服务文化既要体现出本土文化的色彩,彰显本民族的文化智慧;同时,又要融合海外市场客户的需求特点,绝不可以死板教条地固执于其中某一个方面。张瑞敏为美国客户提供酒柜服务的成功,就是把中西文化融为一体的结果。

第三,海外服务不仅要满足客户正常范围的需求,还应该变被动的义务性质的服务为主动的自觉的服务,在满足客户消费需求、幸福感的同时,帮助客户创造有利于生活和事业发展的条件,让商业服务从商品经营的范畴扩散到生活的各个领域。

第三篇
中西智慧：企业管理文化

据说著名的微软公司曾经出过这样一道题目：一群小孩在两条铁轨边玩，其中一个小孩在一条停用的铁轨上玩，其他的小孩都集中在另一条正在使用的铁轨上玩。不幸的是，这时候火车过来了，如果你正好站在铁轨的切换器旁边，你应该如何处理这件事情？

对于上面的问题，回答者只能有两个选择：第一，调整铁轨转换器让火车转向那条停用的铁轨，以牺牲一个"无辜"小孩的生命来挽救更多的孩子；第二，让火车转向正在使用的铁路，这样的结果则是牺牲更多的小孩。

大多数人往往会选择第一个答案，但是，当你做出第一种选择的时候，必然意味着牺牲那个"无辜"小孩的生命去换取其他小孩生命，本身就是不公平的，这无论从个人还是社会道德的角度上说，都是值得怀疑的。因为那个小孩在玩耍之前就意识到了危险性，从而把自己置放在一个相对安全的环境下，结果因为你为了挽救其他更多孩子的生命而让他遭受飞来横祸。而那些"没心眼"的孩子虽然一开始就把自己暴露在危险之中，却因为人数多、损失大而得以侥幸生存，这对于选择第一种答案的人来说，也是一种不合理。

微软公司老总出了这个试题的目的并不在于获得哪个是更优的答案，而是以此告诉企业领导者这样一个道理：企业领导者就是站在铁轨转换器旁边的"切换轨道"的人，当你面对企业遭遇突如其来的灾难的时候，你应该迅速做出有利于企业发展的选择。但是，许多选择和答案其实并不具有绝对的正确性，恰恰相反，在许多情况下，领导者做出有利于企业发展的选择，往往是以牺牲或者违背社会某些常规利益或准则为代价的。

虽然对于中国绝大多数企业管理者而言，他们并没有机会亲自聆听微软公司的老总给他们解释如何管理，但是，这并不影响企业管理者就是"切换轨道"的人的角色概括。事实上，中国企业家同样面临着如何在突如其来的各种事件面前，及时地做出"切换轨道"的管理选择问题。虽然针对具体情况，答案各有不同，但是，其根本思想却是不可能改变的，这就是必须坚持最有利于企业发展的原则。在这个意义上，谁能够在关键时候做出最有利于企业发展的选择，就表明谁的企业管理能力强。

在海尔的发展历程上，企业的领导者同样面临过多次"切换轨道"的选择，这给张瑞敏带来极多艰难选择的同时，也给予他展示过人的"切换轨道"管理经验的机会。

综观张瑞敏在多次事关海尔生存和发展命运的危机面前，在具体的技术层面上表现出来的管理才能可谓遍地开花。但是，就其基本理念来说，我们可以用西方著名的领导学大师麦斯威尔的话加以概括，在麦斯威尔看来，好的领导者要有大局观，要看得清大局。很多管理者常常在时局艰辛时看不清大局，以致激情多于理智，盲动盲从，导致企业经营的失败。因此，一个企业管理者的大局观与企业的命运息息相关。

张瑞敏在管理方面是具有大局观的人。他能够在事关海尔生存的特定时代下，以牺牲76台不合格电冰箱为代价，换取海尔终生坚持质量取胜的品牌战略,为海尔赢得了在接踵而至的商品市场条件下脱颖而出的宝贵机会。同样,他能够在海尔已经在国内坐稳了家电龙头老大位置之后,选择海外办厂生根的营销管理策略,在国内外同行一致为其前景担忧的情况下,却以个性化的海尔产品设计为中国民族打开了欧洲和美国市场。这些都是属于张瑞敏的经营管理的智慧,成为海尔向新的高峰不断攀登的驱动力。

但是,张瑞敏管理的智慧远远不止这些。上面所有的管理策略都不失为一种管理技术,而一切技术都可以分成两个层面:

第一个层面是能够熟练地掌握技术,但是,无论如何熟练都无法上升为一种艺术的境界。由此导致的结果是,这部分企业家能够在市场经济中面对各种风险作出相应的管理调整,这样的企业家我们可以称之为掌握管理技艺的工匠。

第二个层面则是不仅能够熟练地掌握管理技术,而且,对于相应的管理策略能够做到信手拈来、左右逢源,从创造到使用这些技术形成一种令人赏心悦目的艺术。虽然在创造这些管理技术的过程中不乏殚精竭虑,但是,却不会因为这种艰苦的思考而让企业背负沉重的负担,不会对观众产生一种揪心的酸痛,而是俨然作为一门艺术来欣赏。这样的企业家我们可以称之为企业管理艺术家。

庄子在著名的《庖丁解牛》中,为我们展示了一个普通的厨师如何把繁琐平淡的宰牛技术演变成为一种舞蹈一样的艺术:

庖丁为文惠君解牛,手之所触,肩之所倚,足之所履,膝之所踦,砉然向然,奏刀騞然,莫不中音。合于《桑林》之舞,乃中《经首》之会。

彼节者有间,而刀刃者无厚;以无厚入有间,恢恢乎其于游刃必有余地矣,是以十九年而刀刃若新发于硎。虽然,每至于族,吾见其难为,怵然为戒,视为止,行为迟。动刀甚微,謋然已解,如土委地。提刀而立,为之四顾,为之踌躇满志,善刀而藏之。

面对这样的技艺,有谁还会说这仅仅是一门技术?

张瑞敏俨然庄子笔下的那位庖厨,手握管理之刀,经过数十年的实践,终于实现了"以无厚入有间,恢恢乎其于游刃必有余地矣"的艺术境界。虽然从外在形式上看,他的管理经验可以归纳出具体的模式,成为可以被其他企业家借鉴的管理方法,但是,由于他的管理思想是直接从中国传统文化哲学中汲取营养,而不是单纯地照搬和移植西方的理论,这就注定了张瑞敏的管理不同于一般企业家纯粹的管理模式。换句话说,在中国传统文化哲学土壤上滋生的海尔企业管理,已经超越了单纯的技术层面,是一种浸染了浓厚文化底蕴的管理文化。

孟子说:"生于忧患,死于安乐。"

在管理思想文化上,张瑞敏传承了孟子的忧患意识,把自觉的忧患意识融入到企业管理中去,塑造了海尔管理思想中高度的自觉性和危机感。但是,这种危机意识和忧患意识,与当下众多企业管理中那种动不动就砸你的饭碗的恐吓与威胁,是完全不同的。张瑞敏在管理上激活了海尔人的主体能动性而不是打击惰性,以优胜劣汰的比拼取代了苛刻的惩罚,以创意的褒扬取代了僵化的批评。海尔集团从领导干部的流动制度到员工的淘汰制度,都让每一个生活在这里的人充满了奋斗的激情和不竭的动力。在这个意义上,海尔的管理思想是传统忧患意识文化理念的感性显现。

一切管理都是针对人的管理,海尔的管理行为艺术体现了一切为员工服务的基本理念,与那种领导者高高在上、手握员工升迁大权的管理不同,张瑞敏的管理行为艺术是一种服务型管理。张瑞敏经过个人的实践,把以人为本的文化主旨恰到好处地改造成为服务型管理文化,这是中国传统文化中人本主义思想的结果。

《道德经》云："何谓宠辱不惊？宠为下，得之若惊，失之若惊，是谓宠辱若惊。"

追求宠辱不惊的境界是中国民族士大夫文化的深刻体现。张瑞敏创造的管理制度不仅成功地推动了海尔集团的发展，而且为改革开放之后的企业家树立了士人文化的高洁形象。对于今天无数向往成功的企业家而言，如何汲取张瑞敏管理制度的科技含量来提升自己企业的发展固然十分重要。但是，更重要的也许是如何反思文化对于企业管理的创新和再生产的价值。如果这个观念不能得到实践，那么，一切向张瑞敏学习管理经验的努力都可能面临着精神流失的可能。

第七章

管理思想文化：自觉的忧患意识

如临深渊，如履薄冰

《诗经》中云："战战兢兢、如临深渊、如履薄冰。"以此为起点，做事谨慎，时刻保持危机感，从此成为中国传统文化的重要思想。正如孟子所说："生于忧患死于安乐。"忧患意识成为衡量历代领导者冷静判断、处理、化解各种危机和风险的重要智慧。

张瑞敏的办公室里一直悬着八个字：如临深渊，如履薄冰。这幅字并非是附庸风雅的点缀或装饰，而是张瑞敏在数十年的企业实践中获得的管理经验的总结。

1998 年，在英国《金融时报》进行的亚太地区声望最佳公司的评比中，海尔名列第 7 位，是中国唯一进入前 10 名的企业。但就在一个月以后，当记者就如何保持高速发展等问题采访张瑞敏的时候，张瑞敏却用了"战战兢兢，如履薄冰"这 8 个字来形容 1998 年海尔面临的恶劣形势与他的谨慎心态。①

---

① 林赛：《商儒张瑞敏》，现代出版社 2009 年版，第 226 页。

张瑞敏为什么在成绩面前保持如此的谨慎和忧虑？这并不是故作谦虚，而是他长期管理思想的客观反映。吸取历史上因成功之后放纵而导致衰亡的惨痛教训，避免海尔重蹈历史上胜利冲昏了头脑的悲剧，是张瑞敏在管理思想上时刻不敢放弃"战战兢兢，如履薄冰"的首要因素。

张瑞敏常常用《甲申三百年祭》中李自成失败的教训来警醒海尔的管理干部：

李自成带领农民起义军攻下北京，只做了四十几天的皇帝。为什么？因为他被胜利冲昏了头脑。海尔创业 10 年，大家都出过力，立过功。但是，现在刚有些成绩，我们一些干部就认为大功告成，可以高枕无忧了。小农意识的劣根性又冒了出来，每个人都想铺一个摊子，拜拜谱。创业的冲动和激情，不知道扔到哪儿去了！①

谦虚使人进步、骄傲使人落后，这个道理对于中国人而言可谓无人不知，但是，能够做到成绩面前不骄傲的，倒不是每个知道道理的中国人都具备的。尤其是小富即安的小农意识，在农业文明的中国对于每个人的影响力可谓根深蒂固。一点点的小成绩都可以让人骄傲，何况巨大的成绩呢？

张瑞敏是取得了巨大成就的人，单就他能够把一家亏损 147 万元的集体企业变成一个年销售额超过 700 亿元的跨国集团，这样的辉煌足以让任何一个企业家引以为豪。所以，他面临着骄傲的危险性当然更大，这对于张瑞敏保持高度的克制和理性是一个严峻的挑战。为此，他不得不在管理观念上牢固地树立战战兢兢、如临深渊的忧患意识。在坐稳了国内白色家电龙头老大地位之后，张瑞敏在管理思想上不断推出像星级服务管理标准这样的创新管理模式，就是

---

① 林赛：《商儒张瑞敏》，现代出版社 2009 年版，第 226 页。

他不被眼前胜利冲昏头脑的最好证明。

张瑞敏在管理思想上人力推进的星级服务，其目标是：用户的要求有多少，海尔的服务内容就有多少；市场有多大，海尔的服务范围就有多大。一直到今天，许多企业家或者研究者在对张瑞敏的星级服务表示赞赏的时候，往往把它当做纯粹的服务范畴，其实不然。综观海尔的成功之路，星级服务可谓海尔的一面旗帜。在一定意义上，我们可以把星级服务看做张瑞敏管理思想的典型体现。

古人常常说：皇帝的女儿不愁嫁。海尔从一开始就注重服务质量，但是，星级服务体系的全面打造则是在海尔已经成为国内最著名家电品牌的情况下完成的。按理说，海尔产品已经是"皇帝的女儿"，绝对不需要再为自己的前途发愁了。不用说别的，单是海尔在国内首屈一指的质量，就足以同国内其他众多同类产品抗衡。

但是，张瑞敏却并不这么看，他的管理观念这根弦始终紧紧地绷着，不敢有丝毫懈怠。即使海尔已经成了"皇帝的女儿"，但是，"皇帝的女儿"也应该愁嫁，因为在市场经济条件下，消费者已经拥有了越来越大的选择权，不会再像从前那样一味地屈服于物资匮乏时代，完全可以凭借口袋里的银子对"皇帝的女儿"说不。

正是凭借张瑞敏在管理中的忧患意识，海尔在完全征服了国内市场之后，及时地推出了星级服务，不仅在服务理念上抢先实现了品牌战略，而且在管理思想上鲜明地显示了海尔永不满足、绝不懈怠的精神。

居安思危是具有高度自觉的忧患意识的外在显现，张瑞敏在成绩面前不骄傲自满的忧患意识，常常被人解读为居安思危。对此，张瑞敏却不这么认为，他说：

"也许大家会说，吃了那么多苦，好不容易有了这份家业，守住它安安稳稳过日子就行了，干吗非要跟自己过不去？可大家想过没有，光守业是守不住的，守业的结果，只能是败业。有位领导同志在充分肯定海尔的成绩之后，语重心长地提醒我要'居安思危'。其实，我从来没觉得'安'过，而是每时每刻都感觉到'危'。我们没有'安'可居，我们只能够'居危思进'！我们没有时间，市场不允许我们躺在过去的成绩里自我陶醉。我们必须清醒过来，振奋起来，只有这样，才能有足够的实力，去跟那些国际大公司同台竞争！"①

从"居安思危"到"居危思进"，虽只有一字之差，但在管理理念上却有天壤之别。前者并不失为一种自觉的忧患意识，但是，这种忧患意识从一开始就建立在对此前成绩充分肯定的基础上，这就注定了对危险认识程度上的不彻底性、在认识态度上的不坚决性以及执行力上的犹豫性。换句话说，从居安思危出发的忧患意识对未来的风险即使估计充足，可是，往往心存一定的侥幸心理：如果战胜了风险，这就成为一种锦上添花的工作；如果失败了，至少还有退路可走。

而后者则完全不同，由于管理者从一开始就彻底否定了此前已经做出的任何成绩，一切都是从零开始的，这样的忧患意识在信心上更足、在决心上更彻底、在执行力上更强大，因为对于管理者而言已经没有任何退路，完全是一种破釜沉舟、壮士不归的气概。这正是张瑞敏在管理思想上具有忧患意识，但是又不同于一般企业家那种不彻底的忧患意识的根本体现。

日本著名企业家松下幸之助说：如果一家公司连续10年顺利成长，会造成领导和员工的松懈大意或骄傲自满，这时如果忽然面临不景气，就会不知所

---

① 林赛：《商儒张瑞敏》，现代出版社 2009 年版，第 227 页。

措。所以,发展顺利的企业应有意识地寻找新的挑战,增强危机感对企业是有益的。

张瑞敏在海尔连续顺利发展的大背景下,真正做到了有意识地寻找新的挑战、增强危机感,确保了海尔在复杂变幻的国际市场面前始终保持着旺盛的生命力。对此,有研究者如此评价:"张瑞敏在面对新时代来临时所表现出的战战兢兢的心态,不仅是一个优秀企业家对市场的必要清醒,同时也是中国儒家文化熏陶出来的谦恭。人不可能先知先觉,也不可能穷尽时间或市场中的一切可能性,因此,对未来世界和未知世界保持一份诚实的谦恭是必要的。"①

《经济观察报》在采访张瑞敏的时候,曾经提出了这样的问题:海尔在18年的发展过程中,一直坚持抓管理,所以,海尔给人的印象是一个规范的、有序的组织;而很多企业的决策和市场行为显得随意性很强,随意性强的结果是昙花一现。与大多数家电企业相比,海尔是在春天,我想你的忧患意识还是很浓的,如果请你来写一篇文章,题目是"海尔的春天",你将如何来写?

张瑞敏说:"从来不会有事物能从混沌直接到有序,只能从有序到混沌,再到一个新的有序的过程。所以我们在整个组织结构中提出来,一定要建立一个有序的非平衡结构。你首先要认为它永远是非平衡的,就像走钢丝一样,只有在动态当中保持平衡,才能走到终点。这就要求我们其实应该把每天都看成是冬天,这是一种挑战。不一定说从冬天一定会到春天,怎么会一定是这样的呢?就算自然界也是这样,一年四季老是周而复始。即使冬天来了,你能寻找到你要的东西就可以了。大雪封路,别人都没有猎物了,都没有吃的了,你寻找到

---

① 林赛:《商儒张瑞敏》,现代出版社 2009 年版,第 227 页。

了，你就找到了春天。前几年还有人提出来，我们企业的钱可以够每个人吃半年或者几年，那怎么可能呢？像小地主一样，我存的粮可以够我吃三年了，不发展又有什么用呢？我们的干部深有体会。我们好比老是在沙漠里跑，前面有一个绿洲，刚到绿洲又要跑，前面还有更大的沙漠，原来这个绿洲其实就是给我们加加油的。现实就是这样子，用户永远不满意，永远抱怨。所以我们有句话是：用户的抱怨是你最好的礼物。每天都有用户抱怨，不论企业的冬天和春天。企业要有春天和冬天的话，也和自然界一样，最多也是四季，周而复始，而对企业来讲，可能还复始不了。你现在到了春天了，突然一下又到了冬天了，你要再想到春天，还可能到不了。"①

案例1·斜坡球体定律

张瑞敏在进军美国家电市场的时候，从冰箱开始做起，后来又开始做酒柜产品，利润非常可观。他给外人讲述了这样一个非常耐人寻味的故事：

"当初，他提出进军美国酒柜市场的时候，许多人都认为做不起来，因为外国人的酒柜都是嵌入式的，而海尔的设计却不同。但是，海尔坚持做了，而且一发而不可收，获取的利润很大。"

后来，美国一个非常大的公司看到海尔酒柜在美国市场的成功，也开始做酒柜的生意。一次，这个公司的副总裁到海尔来，非常失望地告诉张瑞敏，他们公司也要做这个酒柜，但是，做出来没有市场，因为在时间上太晚了。

这位公司的副总裁问张瑞敏："你们做了多长时间？"

---

① 张瑞敏：《张瑞敏谈商录》，哈尔滨出版社2005年版，第161-162页。

张瑞敏微笑着告诉他："我们做了 5 个月。"然后问这位美国公司的副总裁："你们做了多长时间？"

这位副总苦笑着说："我们从规划到产品上市，一共用了 18 个月。"听到这位副总的回答，张瑞敏坦诚地对他说："你们是百年老公司，我们得向你们学习。"

"不，"这位副总一脸严肃地说，"我得向你们学习速度，你们为什么速度这么快？"

张瑞敏毫不保留地告诉他："这个道理很简单，你们就像狮子在我们后面追，我们因为有压力，没办法，把压力转化为动力。"①

把对手看做凶猛的狮子，这是张瑞敏在企业管理思想上不断给自己施压的客观原因。一方面，相对于西方跨国企业而言，中国企业并不具备势均力敌的实力，在同类商品竞争、海外市场扩展等各个方面，中国企业都处于明显的弱势地位。这就需要领导者在管理意识上必须树立忧患意识，因为客观情况确实如此。张瑞敏如此谦虚，从表面上看，是个人修养的结果，但是，在深层上，则是冷静审视自己的自知之明。

古人常说："骄兵必败。"当三军统帅目空一切不知道自己弱点的时候，绝不可能取得胜利。只有正视自己的不足，做到知己知彼才能百战不殆。

在进军美国酒柜市场的管理意识上，张瑞敏把对手当做巨人，这并不是灭自己的威风，长他人的志气，而是对自己有着更为清醒的认识，用民间老百姓的话来说，张瑞敏知道自己能吃几碗干饭。所以，他没有停留在对国内业绩的自满，而是抱着战战兢兢、如履薄冰的感觉，让整个企业员工都有种被凶猛的狮子追赶的压力，在这样的压力之下，海尔在效率上终于战胜了强大的美国同行，从美国市场虎口拔

---

① 张瑞敏：《张瑞敏谈商录》，哈尔滨出版社 2005 年版，第 97 页。

牙,分到了酒柜市场上的一块巨大的蛋糕。

张瑞敏的忧患意识来自于他长期形成的严格自律。古人说:"吾日三省乎吾身",这在张瑞敏身上有着非常鲜明的印记。在管理学上,他的这种思想意识被定义为"斜坡球体定律"而引起管理界的广泛关注。

所谓的斜坡球体定律,就是张瑞敏把企业的发展看做一个在斜坡上前进的圆球,要想让企业不断向前发展,只有不断地施加动力,一旦停下来,企业就不再是停滞不前的问题,而是由于斜坡的倾斜以及自身重量的作用,向后迅速倒退。用张瑞敏的话说,就是"它受到来自市场竞争和内部员工的惰性而形成的压力,如果没有止动力,就会下滑。为使海尔在斜坡(市场)上的位置保持不下滑,需要止动力——基础管理。"斜坡球体定律蕴涵着丰富的管理学内涵,其深层含义至少有如下三个方面:

第一,管理是企业成功的必要条件。没有管理,没有止挡,企业就会下滑,就不可能成功。

第二,抓管理要持之以恒。管理工作是一项非常艰苦而又细致的工作。管理水平易反复,也就是说止挡自己也会松动下滑,需要不断地加固。管理是一项笨功夫,没有一种一劳永逸的办法,只有深入细致地反复抓,抓反复,才能不滑坡,上档次。

第三,管理是动态的,永无止境的。企业向前发展,止挡也要跟着提高。管理无定式,需要根据企业目标调整,根据内外部条件的变化进行动态优化,而不能形成教条。海尔的口号是"练为战,不为看",一切服从于效果。①

不进则退,这是每一个企业家都熟知的基本管理思想。综观张瑞敏的斜坡球

---

① 胡泳:《张瑞敏如是说》,浙江人民出版社2005年版,第55-56页。

体管理思想,与之具有家族遗传的类似性。

一方面,企业即使在前一阶段获得了巨大的成功,拥有良好的发展条件、雄厚的固定资产和市场前景,但是,在张瑞敏的管理意识中并没有给这些任何的立足之地,即没有把企业放在一个平面上来看。如此一来,海尔的每一次发展都意味着从零开始,这对于所有海尔人而言,无疑是一种无形的巨大压力。既然没有机会去"吃老本",那么,只能靠再一次的创业和打拼,历史再辉煌都已经成为过去,只有抓住眼前一点一滴的进步,才能让企业获得未来生存的基本空间。

另一方面,企业管理者要做的关键并不在于是否为企业打造严格的管理制度,而是是否在内心树立永恒的危机意识。许多企业家都到海尔学习过管理经验,但是,效果往往并不如意。其实,任何企业都不缺少管理,甚至是严格的管理,但是,往往因为管理者本人在内心从来没有具备如把企业放在一个斜坡上一样的危机意识,这必然导致企业的管理在执行上无法做到彻底和持久。

据报道,有一位西部地区的企业老总来海尔参观,在认真学习了海尔的管理经验之后,对张瑞敏说,回去一定按照海尔的管理办法,把企业带出困境。

几个月之后,张瑞敏接到那位老总的电话,这位企业家高兴地告诉张瑞敏,学习海尔的管理经验真好,不仅员工的积极性非常高涨,而且,企业的发展也呈现出了上升的势头。

但是,再过去数月后,张瑞敏再一次接到那位老总电话的时候,那位企业家却唉声叹气地大倒苦水:他们企业实在坚持不下去海尔的管理模式,员工们感到太累,企业领导也受不了。

最后,这位老总竟然无奈地表示,还是按照老办法去做,虽然不能像海尔那样成为国内出类拔萃的企业,但是,至少也不会饿死,更不会累死。

这位学习张瑞敏管理经验失败的企业家的话,其实并不是个案,中国的家电大企业无数，但是，海尔只有一个，即使照搬海尔的一切管理经验，也不会出现第二个海尔。那么，问题出在什么地方呢？张瑞敏一语道破天机：几乎所有人都认为我们的模式挺好，但是学不来，就是太苦了。

为什么同样苦的差事在海尔可以完成，而到了另外一个企业却寸步难行？并不是海尔人先天就具有更能吃苦的能力。其实，人人都有惰性，人人都渴望安逸。但是，正所谓置之死地而后生，当人意识到巨大的危险必将来临的时候，可以激发更大的潜能和勇气，而高度自觉的忧患意识正好成为驱散人的惰性、激发人不怕吃苦的最好催化剂。

案例 2 · OEC 管理法

早在 1994 年，当时的国家经贸委企业公司和经济效益纵深行记者在考察海尔集团后，撰写了一篇名为"一种值得借鉴推广的强化内部管理模式——关于青岛海尔集团'OEC'管理模式的调查"的文章。当时国务院的三位副总理审阅后，分别作了重要批示，要求在全国企业中推广海尔的 OEC 管理法。

所谓的 OEC 管理法，就是要把企业的大目标分解成一千项、一万项具体的责任，分摊到每一个员工身上，对每个员工每天所做的每一件事，都进行监控和清理。每天的工作每天完成，每天的工作通过清理，都要比昨天有所提高。概括起来就是8 个字：日清日毕，日清日高。英文叫 OEC，就是 Overall Every Control and Clear。

按照 OEC 的管理模式，上至总裁，下至一般员工，无论在什么岗位，都应该十分清楚自己一天工作的目标，知道自己应该干什么，干多少，按什么标准干，要达到什么效果。当天发现的问题必须当天处理，就是所谓的"日日清"。如果让一些本来极易排除而未能及时处理的小问题和事故隐患积聚下来，时间长了就会成为积重难返的大问题,以致严重影响目标的实现;而目标得不到实现,反过来会产生一种麻木不仁的思想情绪,影响员工的工作热情和干劲,导致企业管理流于形式。①

张瑞敏亲手创造的这种管理方法,在海尔的发展中获得了巨大的价值。在海尔,每个人的工作都是明确到位的,绝不会因管理上的真空而出现相互扯皮的现象。这样大大提高了工作的效率。因此,在许多人眼中对于 OEC 的管理模式最为欣赏的就是效率的提高。其中,包括张瑞敏个人都十分强调这种管理模式对于推进工作效率的价值。

张瑞敏曾经说过这样两个故事,颇能看出 OEC 的管理模式对于工作的积极作用。

第一个故事是:

电冰箱厂有一个材料库,五层楼高。五层楼的玻璃是 2945 块,这 2945 块玻璃每一块上都贴着一张小条。条子上有两个编码,一个是谁负责擦干净这个窗户,第二个编码就是谁负责监督你擦这个窗户。如果我到这儿一看这个玻璃非常脏,我不要找谁擦,我只要找谁管这件事,由你来负责。我们有很多的小姑娘,她那个车间窗户都非常高,上不去。上不去没办法,正好谈恋爱的时候,就把她谈恋爱的对象找来。一般谈恋爱的时候,男的都非常能表现,玻璃擦得非常干净。②

另一则故事是:

有一家日本公司准备在中国投资,在全国考察了好多企业,最后初步定了三家,其中包括海尔。社长到海尔看了看以后就走了,我们以为日方不愿与我们合作,但是一天之后,对方发来传真表示愿意合作,原来他趁我们不注意,摸了一下我们的备用模具,结果没有摸出灰来,就冲这一点,他们就愿意与我们合作。还有一

---

① 林赛:《商儒张瑞敏》,现代出版社 2009 年版,第 82 页。
② 胡泳:《张瑞敏如是说》,浙江人民出版社 2005 年版,第 57 页。

次，外商准备与我们签约，突然说："等一下，我去一趟洗手间。"他是去看卫生间干不干净，看吊灯干不干净，如果这两样干净了，这个企业就没问题。所以海尔要求所有员工必须将每一件事认真做好，虽然很难，但是必须做到。①

从张瑞敏说的上述两个故事，我们不难看出，张瑞敏创造的 OEC 管理模式并不仅仅是为了追求所谓的效率本身，因为所谓的效率并不是以单位时间内完成的工作量多少来作为唯一的标准答案。效率高不仅意味着数量多，更意味着质量高。而做到数量和质量的双赢，最重要的并不是通过一种强迫性、奴役性的劳动最大限度地压榨工人的能量，而是让工人真正全身心地投入到工作中去。也就是说，那种出于应付领导和差事的高效率并不是张瑞敏创造这个管理模式的最初目的。

那么，究竟是什么让海尔全体员工能够做到如此高质量的效率呢？

中国古人常常说，千里之堤，毁于蚁穴。如果把海尔当做一座坚固的大堤，能够毁坏海尔这座大堤的不仅仅是如同洪水猛兽一样的金融危机和商业竞争，还有那些很难引起我们注意的东西，如一窝小小的蚂蚁常常因为无声无息的破坏，而导致整个企业大堤彻底崩溃。

正所谓明枪易躲暗箭难防，当企业领导把所有注意力都集中到商业竞争和金融危机，忽视了企业内部一点一滴的事情的时候，其实已经给企业埋下了巨大的隐患。从表层上看，这属于企业领导是否细心谨慎的素质问题；在深层上看，则是对企业管理意识和观念认识深度和广度是否到位的问题。张瑞敏以他卓越的领导洞察力，敏锐地发现了一个企业大厦的构建需要以从企业内部每一件繁琐小事做好为起点。外商对海尔过于挑剔和苛刻的行为，也验证了张瑞敏这种管理观念的正确性。

① 胡泳：《张瑞敏如是说》，浙江人民出版社 2005 年版，第 59 页。

需要特别指出的是,与众多企业家也注重打造企业内部员工关注小事、做好基础工作不同的是,张瑞敏的上述管理意识是建构在高度的忧患自律的前提下,这就意味着海尔人从一开始就把所谓的小事与大事完全等价,而不是一般人想象的那样,小事就是小事,做基础工作就是为了等待它们积累成为大事。

在张瑞敏的管理观念中,甚至可以说根本就没有所谓的小事的概念,既然每一件事情都直接关系到企业的生存和发展,那么,还何必区分什么大小呢? 正是源自这样的忧患意识,海尔的管理才能够在所有员工心中真正生根发芽,而不是当前众多企业那样敷衍应付。在这个意义上,我们可以说张瑞敏的管理意识完全是一种民族忧患文化的体现。

本章启示

张瑞敏曾经这样说:"海尔创业 22 年来,虽然保持了高速发展,但并不意味着今后在新的国际竞争中也能获得成功。因为中国下一步将会更加开放,国际大公司的进攻将会更加猛烈,我们的观念、思维方式将面临更大的挑战。如果我们有丝毫满足,观念更新的步伐跟不上,海尔品牌将会在一夜之间被淘汰出局。这绝不是耸人听闻。现在战舰大了,一招不慎,就可能招致全军覆没。所以,我每天都是非常努力、非常刻苦、非常谨慎地做好每一件事。"①

《论语·泰伯》云:"如临深渊,如履薄冰。"如果说孔子的谨慎是出自当时儒家思想兼济天下的道德使命的话,那么,今天的企业家做事谨慎则直接关系到

---

① 林赛:《商儒张瑞敏》,现代出版社 2009 年版,第 81 页。

整个企业全体员工的生存问题。在中国历史上，无数的事例已经证明了坚持谨慎忧患对于成功的巨大意义，骄傲自满必将付出沉重的代价。虽然在古代更多的是发生在政治权力角逐的层面上，而今天是发生在商业盈利的商战上，但是，政治和经商都在验证着忧患意识的重要性，这一点是确定无疑的。

既然中华民族拥有如此深厚的忧患意识文化传统，按理说，我们今天的企业家应该具有得天独厚的思想资源优势。无论是企业家有意识地学习还是无意识地继承，都比西方企业家更能够切合忧患意识的本质和内蕴。但是，非常遗憾的是，当我们的企业家怀着无比崇敬的心理照搬西方管理经验的时候，国外的企业家却在默默地学习和效仿中国古人的智慧。世界著名的企业家松下幸之助就是其中一个成功的例子。

其实，并不是我们的企业家不知道忧患的重要性，也并非在管理观念上没有忧患意识，而是没能在实践上坚持忧患意识。最终只能导致所谓的忧患意识只是领导者管理思想的一种点缀和装饰。

今天，我们的企业家尤其需要重视管理意识中的忧患意识，其对于我们当下企业经营管理具有的现实意义有：

第一，不仅要居安思危，更要居危思进。当你面对已经取得的成就之时，欢喜和满足之情是必然的，但是，必须让这种满足感在瞬间产生之后就瞬间消失。因为，正如张瑞敏说的，即使你取得的成就再大，那只能属于一种历史，而你需要面对的，则是完全陌生的、随时都会吞噬你的企业的各种风险。所以，哪怕是想停下来驻足做一次极为短暂的休息，也有可能出现整个企业为此破产的命运。只有像张瑞敏那样，从来不抱以所谓的安全感，而是把企业摆在悬崖边上的位置，才可以做到居危思进。

第二，树立管理思想中的忧患意识，需要从最基础的管理工作抓起。忧患意识来自中国传统文化博大的精神内蕴，但是，重要的并不是把它挂在嘴边、捧到天上，而是要落实到现实的、具体的企业管理中。张瑞敏可以让整个庞大的海尔集团每个人都明确自己的位置，不留下一点的管理真空，这是确保整个企业发挥团队凝聚力的关键举措。这正如张瑞敏所说的，许多到海尔参观的人提出的问题跟企业管理最基础的东西背离太远，总是觉得好的企业在管理上一定有什么灵丹妙药，只要照方抓药之后马上就可以腾飞了。好的思路肯定非常重要，但是饭要一口一口地吃，基础管理要一步一步地抓起来。

第三，"离死亡只有一步之遥"，这样的忧患意识并不言过其实。在管理观念上树立忧患意识不仅需要意识到企业未来之路上的巨大风险，还需要客观评价自己的不足。人类为什么要忧患？因为人自身存在"短板"，只有正视自身的"短板"，才有可能做到真正的忧患。为此，就需要企业管理者保持谦卑的经营态度，虚心学习，弥补自身的不足。

第八章

管理行为艺术文化：服务型管理

被管理者的管理经验

曾经有记者如此问张瑞敏,海尔是以管理著称的,那么,管理经验从何而来呢？张瑞敏不假思索地回答:"从长期担当被管理者而来。"

现在,海尔的管理经验在中国企业界广为传播,张瑞敏在几十年前,作为一个被管理者,当时究竟总结了什么样的经验,为他后来成为管理者奠定了基础？

张瑞敏作为被管理者早在 1968 年进入工厂时开始,他说最初对管理并没有什么具体的认识,但是,在以后当上了企业领导之后,再回想起当初作为被管理者,其体会最深的就是"上下级之间最大的问题就是没有信任",而自己成为管理者之后,认为最重要的就是"被管理者最需要管理者对他的信任,反过来,管理者其实也非常需要被管理者对他的信任"。他说:

"当时,有一件事给我印象非常深而且感触也很深,那时全国在搞一个'推广华罗庚的优选法'运动。全国搞这么一个运动,宣传推广、办学习班,之后又要贯彻、学习,还要有成果。工人那时('文革'期间)对'推广'感到很新鲜,有的也想在实践中搞一些，但它并不是一个可以立竿见影的东西。由于当时上级要求'必须马上出成果'，结果贯彻没几天就开始统计'成果'了，后来还组成了一个锣鼓队到车间里去宣传有多少项成果。当时工人就觉得（上级）像是在演戏、开玩笑一样。"

"从这件事联想到其他事上，结论就是'所有做的事都有可能是假的'。被管理者和管理者不能建立起信任，所以就是一级糊弄一级。在我到冰箱厂之后，在这一点上我就非常注意了。我要求'你管理的、吩咐的事情，如果你做不到就不要说；能够做到什么程度你就说到什么程度；或者说你说到什么程度就必须做到什么程度'。"

"所以，我到了冰箱厂后，一开始就把所有的规章制度都先放到一边去，重新制定了一个 13 条；例如"不准在车间大小便"，如果找到一个在车间大小便的，就要公布、处理。这样做的目的就是要树立工人的一种信心，也是建立起工人对你的一种信任。"

"冰箱厂刚开始起步时，这 13 条起了非常大的作用，并不是因为处理了一个不按你规章制度办的人，而是下面的工人会感到今年一年之中换了 4 位厂长（我是这一年中的第 4 位，他们已经没有信心了），只有这个厂长是'言必信，行必果'。"[①]

张瑞敏亲手缔造的"海尔神话"，与他作为领导者塑造的诚实守信的个人形象有着直接的关系，而这种素质的培养又直接来自于他长期作为被管理者的感受。诚信素质如此，其他各种管理素质的培养也离不开他的被管理者的经历。正是因为被管理者的经历对于管理行为艺术的重要性，张瑞敏才会对此如此重视。那么，被管理者的经历对于管理究竟具有怎样的合理性呢？

---

① 张瑞敏：《张瑞敏谈商录》，哈尔滨出版社 2005 年版，第 134－135 页。

饱汉不知饿汉饥，这是中国大众最熟知的一句话。通常情况下，这句话被用来讽刺那些不为别人考虑、只站在自己立场上说话的人。但是，我们常常忽略了这样一个事实：并不是因为吃饱了才导致对饥饿的人视而不见，而是因为他们根本就没有体会过饥饿的痛苦，就算是具有同情弱者的心，也不可能知道饿汉究竟有多饥饿。

所以，在中国历代封建王朝中，大凡开明的君主往往让自己的继承者去民间经历一段平凡人的生活，目的并不仅仅在于磨砺未来君王的意志，而是要让他们在将来统治和管理天下的时候，能够知道天下人的真实生活状态。这是中国民族文化中的重要特征。

当然，具有被管理生活经历的人，并不意味着在成为领导者之后就一定能够管理有方。但是，没有被管理经历的人，在将来成为管理者之后，必定因为先天经验的不足而受到影响。

众所周知，韩国的企业具有非常明显的家族企业特征，而深受中国民族传统文化影响的韩国，一向在企业管理上注重这种来自生活底层经验的学习。在韩国家族企业中，绝大部分领导者在选择未来企业继承人上面，都会让自己赏识的人从企业最基础的工作做起，然后凭借个人的能力一步步地升迁，最终从自己的长辈手中接受这个企业。韩国企业领导者这样做的目的，就是想让他们刻意经历被管理的生活，然后在未来做管理者的时候，可以充分地体会被管理者的真实心理状况。

韩国家族企业领导者遵循的被管理者的管理经验之路，不仅让韩国企业领导者在管理企业的时候能保持艰苦勤奋的企业家精神，更重要的是，他们避免了对于被管理经验的盲足无知状态。虽然韩国家族企业存在家族管理制度上的巨大缺陷和弊端，但是这种注重实践、体验和经历的优良传统，不仅弥补了家族管理制度上的不足,而且,保证了家族企业管理旺盛的生命力。

相比之下,中国企业在这方面存在严重的缺失。许多管理者毫无任何被管理的经历,从进入工厂工作开始,就一直处于高高在上的位置上,对被管理者的现实情况毫无体会和觉察。张瑞敏的被管理者的管理实践,不仅为我国当下企业管理行为艺术在这方面的严重缺失填补了一项空白,而且,为现代企业如何继承传统文化中的实践精神、创造新的管理行为艺术提供了重要借鉴。

案例1·管理要为职工服务

管理是一门艺术,但是,不论这门艺术如何高妙,都不可能背离一个最基本的原则,这就是管理是以人为对象的。那么,如何在管理行为艺术中实现为人服务,能够让被管理者满意,这才是衡量管理行为艺术水平高下,尤其是证明管理是真正的服务型管理的标尺。

几乎所有的媒体和研究者在报道海尔的时候,都会对其严格的管理加以特别的关注。在海尔,从干部到员工每个人时时刻刻都感受到无形的压力,甚至有员工把企业比作一口高压锅,人在其中承担着无比巨大的压力。只要想想张瑞敏高度自觉的忧患意识,我们就不可能怀疑海尔管理的严格。

这常常给人一个误解:既然管理如此严格,那么,海尔员工肯定会对张瑞敏的管理行为相当反感。其实不然。张瑞敏的严格管理不仅没有出现与员工之间的矛盾,相反,不仅激发了员工奋斗的激情,还与员工建立了血浓于水的情感。

张瑞敏曾经对采访的记者讲述了这样一个故事:

海尔有一位女工生了重病,但是,一直坚持上班,直到最后被检查出来是胃癌。在去世之前,她给家里人说的最后一句话是:等到她去世之后,在去殡仪馆的路上，一定要在海尔工厂大门口停留一下，让她最后看一眼自己的工厂。

这位女工去世的时候，只有二十四五岁。厂里的人都为她悲伤、叹息。这件事情也对张瑞敏冲击非常大。

后来，在1990年，张瑞敏到日本参加一个中日企业交流会，在这次大会上，许多人并不知道海尔究竟是做什么的。于是，张瑞敏就对大家讲述了那位女工的故事，这让参加大会的企业领导非常感动。

会后，东京大学的两个教授邀请张瑞敏吃饭，郑重地对张瑞敏说："就因为这个故事，我就认为，海尔早晚有一天会成为日本的本田。"这两位教授告诉张瑞敏，本田公司最初也和海尔一样，是个地地道道的街道工厂，但是，本田公司能够从摩托车修理发展到现在世界著名跨国大公司，靠的是什么，就是海尔的这种精神，"海尔这种精神是最可怕的、最可敬的"。

值得我们注意的是，这个真实的故事发生在张瑞敏带领海尔创业时期，这个阶段正是张瑞敏彻底打碎原来工厂制度，重新建立严格的海尔管理制度的时期。尤其重要的是，此时海尔的经济效益并没有取得后来如日中天时那样的辉煌，这就排除了员工因为丰厚的物质待遇而对工厂拥有如此情深的可能性。那么，张瑞敏的管理行为究竟具有怎样的魔力能够让员工对企业如此深爱呢？

一切管理都要服从于为员工服务这个基本目标，这是张瑞敏管理行为艺术能够超越单纯的管理行为范畴，深入到人性深处的秘诀。

古人常说："士为知己者死。"想让一名员工心甘情愿地为企业付出毕生的精力，不能单纯依靠丰厚的物质诱惑，因为物质利诱可以让员工为企业卖命，但是，不可能换取员工对企业真挚的情感。换言之，虽然重赏之下必有勇夫，可是，这样的勇夫因为从一开始就是为了赚钱而不是为了企业，要么在企业遇到困难的时候背叛，要么是一种被动的劳动。因此，张瑞敏能够换取员工在生命垂危的情况下都不忘记关心自己的企业,这必然做到了让员工感到"知己"的程度。

"要让员工心里有企业,企业就必须时时惦记着员工;要让员工爱企业,企业首先要爱员工。"这是张瑞敏在对海尔管理干部进行管理行为艺术教育的重要思想。它一直在实践着张瑞敏管理行为艺术中必须做到为员工服务的理念。

有研究者如此记载张瑞敏管理行为中的为员工着想的故事:

1987年,冰箱厂30多年来第一次买了14套房子,全厂千余名职工眼巴巴看着领导怎么分。要知道有些领导家中也是住得十分拥挤的,急需改善住房条件……结果14套房子全部分给了一线员工,主要是老工人。员工们心中怎么能不感动:这最难得的机会,最奢侈的享受,张总裁给了咱们!张总裁家里住的还是刚刚结婚时的15平方米的小屋。

接着,张瑞敏又决定建职工食堂。原来冰箱厂是没有食堂的,到了饭点,干部和员工一起露天吃饭;后来盖了一个食堂,几千人一起吃也不行,于是就把就餐人员分成三批,还是让员工先吃,干部最后吃。

1994年5月4日,海尔一名普通工人肖同山患脑溢血住进了医院,不巧他母亲也卧病在家,还有一个两岁多的小孩,他妻子一个人要顾三头,无论如何也应付不过来。正在万般无奈之际,张瑞敏得知了这件事情,他马上从生产第一线上抽调人员专门不分昼夜24小时护理肖同山,让他的妻子安心回家照顾公婆和小孩。张瑞敏还亲自到医院看望肖同山,送去钱和食品。

肖同山的妻子激动地说:"我从没想到丈夫的病能够牵动公司上下那么多人,也从没想到张总裁会来看望一个普通员工。我丈夫受到这样无微不至的关怀,不仅我感动不已,病房其他病人也都羡慕不已,他们都说在现在这种事情不多了。"①

---

① 林赛:《商儒张瑞敏》,现代出版社2009年版,第187-188页。

显然，张瑞敏的管理行为谈不上什么高人一等，甚至并没有什么新意。因为，在中国谁都明白这样一个最简单的道理：只有心比心才能换取对方的信任。

事实上，许多企业家也在用这个办法来换取员工对企业领导的信任以及对企业的关注和爱心。例如，关心员工生活中的具体困难，为员工过生日，等等。但是，为什么同样的管理行为艺术，却在效果上有着完全不同的差别呢？在我看来，这与张瑞敏管理行为艺术中的两个细节相关：

一方面，张瑞敏把员工放在第一位的管理行为，是扎根在干部的心里而不是挂在嘴上的。这和当下众多宣扬为员工服务的管理者是有着本质区别的。

据报道，在海尔本部，专门设立了 24 小时的服务热线电话，成立了帮助员工解决困难的小组。海尔公司的任何一名有困难的员工，只要打上一个电话，这个小组就会立刻派专人前去解决，从房子修理、灌煤气、接送孩子、照顾病人到办理孩子入学等，不仅热线电话随时有人接听，而且，接听之后必定落实到位，这和当下许多企业热线电话要么打不通，要么打通了没人接是完全不同的。从这一点上说，张瑞敏的管理行为从一开始就是真心想为员工解决困难，而不是像其他众多企业领导那样仅仅将此作为提高个人形象的道具或装饰。在中国传统文化中，张瑞敏的管理行为属于真正的诚心诚意，是诚实守信的结果。

另一方面，张瑞敏在管理行为中坚持为员工服务，能够做到持之以恒而不是昙花一现。许多企业也知道管理行为中为员工服务的重要性，也能够在企业创立之初大打情感牌，但是，往往在坚持了一段时间之后就偃旗息鼓了，要么是因为企业发展遇到困难，以资金不足为理由推脱各种应该履行的职责，暴露假服务、真作秀的本性；要么在企业壮大之后，对员工态度骄横起来，动不动就以砸饭碗相要挟，以为这样可以让员工拼命地工作。其实，这样往往适得其反，不仅无法让员工产生敬重之心，反而让员工对企业充满反感。

"民不畏死何以死惧之。"在中国传统文化中,历代统治阶级都想以各种手段换取民心。但是,大浪淘沙,只有真诚地为大众服务才能够最终狄得人民的认可,否则,虚情假意、收买人心的各种行为都会弄巧成拙。

《论语》中有言:"为政以德,譬如北辰,居其所而众星共之。"张瑞敏将心比心、上下同欲的理念和做法,正是儒家文化价值观的鲜明体现,吸引和锻造了一大批执着、坚毅、勇于"自讨苦吃"、认准了目标便义无反顾的优秀员工。

案例 2 · 管理行为艺术 :"让开道路"

西方的韦尔奇指出:我的工作是为最优秀的员工提供最广阔的机会,同时将资金作最合理的分配,投入到最适宜的地方去。那就是全部。传达思想,分配资源,然后让开道路。[1]

韦尔奇的管理思想为我们今天企业家的管理行为艺术提供了特别的启示。当我们一相情愿地把管理当做一种凌驾于他人之上的特权的时候,韦尔奇却告诉我们真正的管理者应该为他人服务,不仅如此,管理者还应该积极为员工创造有利于其发展的空间和条件,让他们在工作中得到展示才能的机会。

其实,韦尔奇"应该为员工服务"的思想,对于我们中国人而言并不十分陌生。中国历代封建统治者均把为天下百姓服务当做口号来宣传,不论这种服务是否真正落实到位,但是,都不能否认中国古代管理思想中具有浓厚的为被管理者服务的传统。事实上,张瑞敏正是依据中华民族管理文化的传统,把公仆精神运用到管理行为艺术中去,为海尔的管理文化奠定了重要的基础。

---

① 罗伯特·史雷特:《杰克·韦尔奇与通用之路》,刘爱红,刘承钢译,机械工业出版社1999 年版,第 37 页。

但是，更值得我们重视的是，张瑞敏在海尔管理理念中表现出来的为员工让开道路的思想，这和韦尔奇的管理思想是完全一致的。正如学者胡泳在《张瑞敏如是说》一书中指出的，公司的最高决策者应该少过问业务，把时间花在多创造良好的条件上，使公司内其他成员能够针对业务作出好的决策。领导的艺术就是为组织中的所有成员定位，让他们去完成职责内的任务。进行领导意味着能够发现、培养、稳定和激励人才，影响其他管理人员，并使他们承担相应的责任。

张瑞敏在管理海尔上让开道路的经典例子，莫过于在创业和发展时期，大胆起用和提拔了一大批有魄力的干部，他们堪称海尔管理层的中流砥柱。今天，在我们为他们能够脱颖而出展示各自才能的时候，不得不折服于张瑞敏管理行为艺术中的大智慧。

张瑞敏领导海尔兼并红星的壮举，在企业界人人皆知。也正是在这次企业兼并中，张瑞敏挖掘了柴永森这个难得的人才，其为张瑞敏企业兼并战的顺利展开立下了头功。在这个海尔发展历史上的经典案例中，张瑞敏真正做到了"让开道路"。

起初，柴永森并没有任何值得令人炫耀的资本，但是，在海尔多年的实践工作中，张瑞敏发现了这个年轻人的才能和魄力，兼并红星之战，张瑞敏做出让柴永森去担任这个工厂领导的决定，大大出乎许多人的意料。

许多人都认为这样做太冒险，虽然此时的海尔算得上财大气粗，但是，收购一个严重负债的大企业，如果管理用人不慎，其导致的后果很可能会直接拖垮海尔。

这时候，张瑞敏主动为这个年轻人让开了道路，并且告诉他，此次派他去红星，不会给他一分钱，并不是海尔缺钱，而是红星这个企业非常具有发展的潜力，只要领导有方，管理得力，就可以很快扭转企业严重亏损的状况。这个决定为柴永森展示个人才能打开了一条通道。

不难设想，假如张瑞敏让企业里资格更老的人去接手红星，或者就算让柴永森接手，但是，给予他大量的资金支持，这样做实际上并不是爱护和保护他，而是在他成长的道路上设置了障碍。随后，在兼并顺德爱德集团的时候，张瑞敏再次大胆起用柴永森，又一次为他让开了道路。最后的结果也证明，张瑞敏管理行为艺术上的这种举措不仅成就了柴永森的事业，也推动了海尔集团的成功。

张瑞敏在管理行为艺术上的"让开道路"，并不仅仅意味着敢当人梯的服务精神，更重要的是他知道怎么去"让开道路"。换句话说，张瑞敏在管理行为艺术上，既有超常的洞察力和执行力，又善于为人才创造出在道路上奔跑的机会。他对杨绵绵的培养和任用就是典型的例子。

杨绵绵，1963 年毕业于山东工学院内燃机专业，先后从事过教学、技术和管理等工作。1984 年，她由青岛家用电器公司调到青岛电冰箱总厂任副厂长，并兼任总工程师。1991 年，青岛电冰箱总厂发展成为海尔集团。在此期间，杨绵绵先后分管质量、科研、生产、市场营销、人力资源、企业文化等工作。由于她个人在海尔的突出贡献，曾获得国家科技进步二等奖、全国优秀质量管理工作者、国家有突出贡献人才、全国优秀女企业家及全国"五一劳动奖章"等荣誉，并担任全国人大代表。

张瑞敏曾经如此评价杨绵绵：她最大的特长在于，你本来期望的是二，她却可以发挥到十。① 如此出类拔萃的人才，几乎全是依靠张瑞敏在海尔创业初期独特的管理行为艺术，才有了她今天的成就。难怪有人这样说：如果当年没有答应张瑞敏的邀请，杨绵绵也许和无数退休老人一样，这个春季正和老伴一起在外旅游踏青。

当时，张瑞敏把她调来做助手，但是，此时的杨绵绵并不懂得电冰箱技术，因为当时她在大学里学习的是内燃机技术，对于电冰箱这种新事物并不了解。于是，她就专门买来有关电冰箱的书，在工作之余刻苦钻研，终于凭借自己的智慧和勤奋掌

---

① 林赛：《商儒张瑞敏》，现代出版社 2009 年版，第 34—35 页。

握了电冰箱制造的知识。

我们也许会把杨绵绵的成功归功于她个人的智慧，当然，这是她成功最直接的驱动力。但是，我们不能否认一个最基本的事实：没有张瑞敏给她专门提供的这样一个空间，她也许一辈子只能在普通的岗位上默默无闻。

人人都知道张瑞敏在管理上著名的"赛马而不相马"的创意，但是，这个创意在海尔的成功执行，杨绵绵有着莫大的功劳。而且，杨绵绵对于海尔这个方面的贡献之大，恰恰是张瑞敏慧眼识英雄之后授予她莫大的权力空间所产生的。

2000 年 2 月的一天，有三名事业部的部长竞争制冷产品本部负责人一职。这三人对本职工作都可谓是行家里手，但对全局的发展却缺乏清晰的思路。当有些评委认为按评议得分情况从三人中选出一个时，杨绵绵却冷静地说："我认为三个人都不符合要求！"

杨绵绵认真地指出："胸怀全局者，才能担当重任，当海尔的干部必须要有全局意识，有把握全局的能力，这是海尔向国际化迈进的重中之重和必然要求。"

那三位事业部部长也认识到了自己的不足，表示努力改进。在她的大力倡导和严格要求下，海尔各种人才迅速成长起来，其中省市专业拔尖人才就有 38 位。

这样的成绩，如果没有张瑞敏的"让开道路"，那么，无论杨绵绵具有多么高的才能，都不可能获得施展的空间。

这正如她自己所说的："给张瑞敏做助手是我的机遇，跟他干，敢想事，能干事，能成事。"正因为这个原因，有人做过这样一个比喻：在海尔的创业史上，张瑞敏像一个治理理念的创造者、创新者，杨绵绵则更像一个"布道者"，是她将张瑞敏的思想水银泻地般地迅速传播到了企业的每一个角落。①

————————————

① 林赛：《商儒张瑞敏》，现代出版社 2009 年版，第 35 页。

本章启示

对于管理行为艺术,张瑞敏有自己独到的心得和体会,如果把他在这方面的经验总结和归纳为一种模式的话,那么,称其为一种管理行为艺术文化,则基本符合客观实际。

管理行为是一门艺术,对于优秀的管理者而言,能够像庖丁解牛一样把平凡无奇的管理工作变成一种符合音乐节拍一样的生命律动;而对于那些仅仅把管理当做管制他人特权的领导而言,管理行为不仅无法艺术化,相反,还会成为严重束缚职工个性发展的镣铐。惟其如此,同样是管理人的工作,同样是领导的一种莫大的权力,但是,具体落实之后,对于企业发展的影响却有着巨大的差别。

张瑞敏管理行为艺术的成功,与他熟谙中国传统文化有着直接的关系。由于他深知中华民族的性格特征,才能够在管理上以道家哲学的理念,把管理者放在被管理的地位上进行换位思考,既体贴民众的声音,又便于把管理落实到实处。这就注定了张瑞敏的服务型管理行为艺术,与许多领导者惯用的收买人心,是有着本质的区别的。正是在这个关键环节上,许多企业家想当然地以为只要学会笼络人心,学会讨职工的欢心,就算是做到了所谓的服务型领导。其实这是大错特错的。

真正的服务型领导,在管理行为艺术上,要设身处地为职工着想,而不是把为职工服务当做一种赢得员工欢心的手段或者工具。只有把服务看做领导的分内之事,看做管理者自己的一种义务,才有可能领会服务型领导的真谛。这正如张瑞敏常常说的，如果领导坐下，那么，职工就要躺下。许多人都把这个管理行为艺术理解为一种纯粹的领导身先士卒行为。其实不然，领导身先士卒做表率是分内之事，这并不是一种管理艺术。这句话的真正要义在于，领导在管理上必须始终保持务实诚恳的态度，哪怕一点点的虚假和掩饰，即使可以骗得职工一时，但是，绝不能骗得整个企业发展的前途和市场。毕竟，完全依靠实力来说话的市场竞争是不会容忍虚情假意的领导行为得逞的。

百度公司CEO李彦宏说：管理者不过是给大家提供一个好的工作环境、氛围，让有才能的人愉快充分地发挥潜力创造。在他看来，管理者必须摆正自身位置，要有放低姿态的主动意识，具体到日常管理中，就是要对员工有细小而温暖的体贴。

那些看起来虽然是很微小的事情，但是却证明了一个企业领导在管理行为艺术上所承担的服务是如何的沉重。张瑞敏在管理行为艺术上的成功，就是对这种领导必须履行的义务勇敢担当的典范，其对于今天企业家管理行为艺术的启示意义是很大的：

第一，优秀的管理者在管理行为艺术上应该具有"给员工端杯茶"的服务意识。日本著名的企业家松下幸之助曾说，社长必须兼任端茶的工作，当然我的意思并不是真正要社长亲自端茶，而是说一个称职的社长，至少应该把这个想法视为理所当然。在我的观念中，社长并不是高高在上，而是站在职员背后推动他们前进的人，他和职员是站在同一条线上的，不要认为自己是可以任意地指使部署的。松下幸之助的管理行为理念，恰当地说明了真正的领导应该是服务型的领导，而不是特权主义者。

第二，服务型的领导并不是像保姆一样全天候伺候员工，而是为员工创造展示才能的空间。有的领导在管理行为上确实做到了为员工服务，但是，这种服务采取了包办一切的态度，在员工获得上帝一样待遇的同时，也扼杀了他们展示才能的机会，这样的服务其实并不是为员工服务，而是在阻碍、扼杀员工的才能。因此，为员工服务不是像保姆一样去包办员工应该做的事情，而是创造更多的机会让员工去做更多的事情。

第三，不要把为员工服务当做一种收买人心的商业手段，而是要把服务当作管理者应尽的职责。古语云："路遥知马力，日久见人心。"在管理上做一名合格的服务型领导也需要经过长期实践的考验，通过花言巧语或者作秀的方式为员工服务，只能让极少数员工在极短时间内满意，但是，最终的结果很可能导致领导者"偷鸡不成蚀把米"的下场。

第九章

管理制度文化：中国式管理

海尔十三条

曾经有记者问张瑞敏：海尔从国外引进高科技生产流水线和设备，但是，在企业管理上，却从来没有引进西方现成的管理模式，而是创造自己独特的管理制度文化，究竟是为什么呢？

张瑞敏的回答非常耐人寻味，他说：作为软科学的企业管理，是对人的管理，因国情、因人情不同，生搬硬套国外的方法不仅达不到他们那样的效果，而且会导致我们永远落后于发达国家的名牌企业。许多合资企业在管理上暴露出来的矛盾已经证明了这一点。因此，我们必须研究和创立适合自己国情和人情的管理模式。

对于张瑞敏的管理思想，研究者林赛在《商儒张瑞敏》一书中指出，海尔的一大高明之处在于："张瑞敏很好地把握中国人的国民性，针对国人的习惯和思维方式设定管理方法。"张瑞敏究竟针对中国人的国民性设立了怎样的管理制度？大凡知道海尔的人，都应该听说过著名的"海尔十三条"。

　　张瑞敏第一次接手海尔的时候，发现这个企业在最起码的管理制度上存在着严重的问题，且不说上班迟到、早退、怠工等现象非常普遍，竟然有许多工人在车间里随地大小便。摆在张瑞敏面前的不仅仅是需要立刻恢复这个烂摊子工厂的技术生产，更头疼的是，还需要对已经长期处于瘫痪状态的工厂管理制度加以重新规划。

　　古语云："江山易改本性难移。"对于那些长期习惯于无组织、无纪律制度下生活的企业职工，想立刻改变他们身上懒散顽劣的习气，对于管理者而言，其难度远远大于技术革新。为此，张瑞敏并没有采取"一刀切"的方式，盲目照搬先进企业的管理制度经验，而是针对本厂存在的实际状况以及中国人的一些特性，制定了海尔管理制度历史上堪称里程碑式的"企业管理十三条规定"，后来有的研究者干脆称之为"海尔十三条"。

　　"海尔十三条"中的相关管理制度包括：不准在车间和厂区随地大小便；不准在车间吸烟、打扑克、聊天；不准占用、偷窃工厂物资；等等。这些所谓的管理规定，在今天看来，简直可以说是荒唐透顶。因为从管理学的角度来看，上述规定的内容往往属于社会个体遵从法律和社会道德的范畴，与人在企业中必须遵从的规章制度存在着巨大的差距。

　　有人把"海尔十三条"这一管理制度的出台，看做是当时企业工人素质普遍低下、海尔初建时期内部管理制度太差的结果，这固然是张瑞敏出台"十三条"的重要因素，但是，仅仅从这两个因素来看，并不能发现张瑞敏管理制度的精髓。

　　一个非常显而易见的事实是，针对职工在车间里随地大小便的情况，其实可以有两种办法加以制止，一种是制度的形式，另一种则是通过开会或者私人谈话的形式，犯不着把这样鸡毛蒜皮的小事上纲上线写进管理制度中去。当时许多企业在管理制度上并没有这些诸如禁止随地大小便的规定，或者没有在出现这些问题后也做出类似的规定。那么，我们就不能仅仅把张瑞敏的"海尔十三条"归罪于当时企业工人素质低下，至少不应该把这个看做根本的原因。

在我看来，张瑞敏的"海尔十三条"与他一贯坚持的管理制度思想密不可分。

张瑞敏面对的是企业职工在管理制度上一盘散沙的状况，他必须及时做出规范。而这些规范首先要从最基础的工作做起。但是，一切制度最重要的并不是在条文上呈现出来，而是要切实地执行下去。

那么，怎么样能够让制定的管理制度得到有效的贯彻呢？张瑞敏的基本思想就是要针对具体国情、具体人性来制定有效的制度。

众所周知，中华民族一向以森严的等级秩序著称，严密完备的伦理制度是传统文化的重要特征，受到这种文化的影响，中国人在道德约束方面远比西方人更加自觉。但是，这并不意味着对企业工人的约束就完全依靠自觉性。恰恰相反，历史上长期形成的严格的等级秩序，给了中国大众非常强烈的影响之一，就是所有的规范都需要以规章制度的形式出现，这样才能引起他们的重视和尊重。即使是那些关系到人伦的最起码的道德秩序，也大都在中国历史上以各种礼教的形式加以规范。这实际上给民众的秩序规范带来极大的依赖性。

正因为这个原因，张瑞敏在接手工厂后，在管理制度的制定上，并没有采取私人谈话的方式加以解决，而是以明确条文的形式加以严格规范，这才是张瑞敏为什么把禁止工人随地大小便都要写进工厂制度的根本原因。这正如有研究者指出的：

这一次出台的十三条制度，每一条都让员工感觉"不应该"违背，因此，制度本身具有极强的可执行性。更重要的是，张瑞敏没有让制度停留在这十三条上，而是抓住每一个违反制度的典型行为，发动大家讨论，挖掘典型行为的思想根源，上升到理念层次，再以这种理念为依据，制定更加严格的制度。①

"海尔十三条"的制定，为张瑞敏日后打造著名的海尔管理制度文化奠定了基础，但是，从制度的规定到落实执行还有很长的距离。如何让员工能够遵从这些制度规定，则是张瑞敏需要针对员工特点及时解决的严肃问题。为此，张瑞敏借用了中国古人树立权威的方法，为员工们遵守管理规定打开了大门。

有文章是如此描述张瑞敏如何让员工遵守"海尔十三条"的情况：

张瑞敏的制度贴出来半年多后，随地大便的人倒是没有了，但是随地小便的现象却还没能马上消失。其他制度包括"不准迟到早退"、"不准在工作时间喝酒"、"车间内不准吸烟"和"不准哄抢工厂物资"等的执行情况也不是很理想。

"看来不下点猛药是不行了。"张瑞敏这样想。

有一天，张瑞敏把车间门窗全都大开着，布置人在周围观察有没有人再来拿东西，没料到第二天上午就有一人大摇大摆地扛走一箱原料。

"好小子，胆敢如此嚣张！"温文尔雅的张瑞敏这次没有手软，立即就贴出布告开除此人。这件事情后，全厂工人才相信，这个新厂长动真格了。认真取得了成效，职工的信心被调动起来，再也没有人敢"反十三条而行之"了。

乱世用重典，猛药治痼疾。无论一个国家还是一个企业，在铲除难改积习的时候，最需要也是最有效的办法就是通过严厉的惩罚。而严厉惩罚的前提则是要为员工树立威信，不对领导制定的制度有任何怀疑。这非常容易让人想起历史上著名的商鞅变法的故事。

历史记载，春秋战国时期，有一个大臣叫商鞅，他想推行变法，改变百姓的

---

① 林赛：《商儒张瑞敏》，现代出版社 2009 年版，第 27 页。

不良习俗。当时几乎所有朝中大臣均告诉商鞅："这不可能。百姓的风俗习惯已流行千年，根深蒂固，岂可改变？"

商鞅却胸有成竹地告诉众臣，他有一个办法可以试验，习俗是可以改变的。

第二天，商鞅叫人在都城的南门竖了一根三丈来长的木头，旁边贴了张告示说："谁能把这根木头扛到北门去，赏他十金。"

不一会儿，木头周围就围满了人。但是没有人相信，也没有人试，这也太容易了吧。大伙儿心里直犯嘀咕：这根木头顶多百把斤，扛几里地不是什么难事，怎么给这么多的金子呢？或许设了什么圈套吧？结果谁也不敢去扛。

商鞅看没人扛，又把奖赏提高到五十金。这么一来，人们更疑惑了，都猜不透这新上任的左庶长葫芦里到底卖的什么药。

这时候，只见一个年轻人说："我来试试。"扛起木头就走。许多看热闹的人，好奇地跟着，一直跟到了北门。果然，这位年轻人走到北门，如数获得赏钱。看热闹的人都很后悔。

商鞅通过树立法律的威信，为秦国实现强国之梦奠定了最雄厚的基础。而张瑞敏通过类似的方法，终于成就了日后著名的海尔管理制度文化。无论是历史上的政治家商鞅，还是现代企业家张瑞敏，其改革的成功都与一点不可分割，即只有针对中国民众最基本的特点，制定相关的制度，才有可能得到落实。

案例1·针对中国人消费心理的定价管理制度

长期以来，无论是国内的文化学者还是西方的汉学家，都习惯地把中国民族文化特征概括为务实功利，即重视当下现实利益，而忽视长远的利益。这种观念一度被我们想当然地接受。体现在商业活动上，就是我们的消费者在产品质量和价格面前,更普遍地倾向于选择价格低廉而质量并不过硬的产品,说得粗俗一点就是老百姓买东西喜欢贪图便宜。

不可否认,在今天的企业营销价格大战中,我们的民众确实在很多方面表现出了这种特征,但是,这并不意味着当代中国消费者需求的主流就是只顾价格不顾质量。恰恰相反,在中国民间一直流行着这样一个简单的商业理念:便宜没好货,好货不便宜。

张瑞敏对中国传统文化的领悟不仅是深刻的,而且是全面的。当中国众多的企业家纷纷以价格大战引诱消费者的时候,张瑞敏为海尔制定的管理制度文化则旗帜鲜明地反对这种理念,始终坚持海尔只提价绝不降价。

众所周知,海尔是唯一不打价格战的企业,长期以来,海尔始终坚持不降价的经营理念。这与张瑞敏对中国消费者心理文化的深刻理解有重大的关系。

在张瑞敏看来,一个企业想提高知名度是非常容易的,但是,创立名牌企业就非常困难。因为这需要几十年如一日地去做,要把品牌变成设计与塑造消费者价值的象征,把商品的牌子变成消费者的要求、价值和利益。所以,海尔把提升产品质量、维护市场产品销售形象当做安身立命之本来抓。

20 世纪 90 年代,中国家电市场可谓遍地开花,老企业凭借最初打下的知名度争相发展新的产品,新企业则利用世界新技术推出更新换代产品。一些企业为了争取市场,采取让利不让市的经营理念,企图通过价格竞争,让出部分利润获得市场的主导权。

据报道,当时一家非常著名的家电企业在商场里挂出了彩电每公斤 37 元、42 元的价格牌,大张旗鼓地宣传:采取论公斤卖的方法其实是一种促销方式。当时的媒体在发表看法的时候,坦言"现在的彩电和大白菜差不多了"。

1996 年,冰箱全面降价,张瑞敏认为海尔的产品价值比其他企业的产品价值高,不仅不降价,反而决定提价 12％。这件事让海尔管理人员非常不解,因为无论从哪个角度来说,这个做法似乎都是一种自杀式经营。

虽然张瑞敏对于不降价反而提价的做法是经过深思熟虑的,但是,谁能保证此事一定能够成功呢? 在冰箱家电降价狂潮席卷全国的情况下,这种逆势而行的行为是否存在巨大风险呢? 张瑞敏本人心里也一直在打鼓。

第二天,张瑞敏比平时更早地来上班,在迅速处理完必要事情之后,他立即跑到市场去看,结果,看见商场里各个柜台前促销降价的销售员早已摆好了严阵以待的架势。有些品牌家电柜台前人头攒动,人们在纷纷议论、商量和购买着。而更多的品牌前,人们犹豫着迟迟不愿做出决定。

张瑞敏风风火火地来到海尔专柜前,只见柜台前已经排起了长队,人们纷纷议论着,从消费者的脸上,张瑞敏看到了大家对海尔电冰箱的信任感。此时的张瑞敏终于长长地松了一口气。这种类似于赌博一样的决定终于取得了胜利。

这件事让张瑞敏意识到,从长远看,消费者关注的是商品的价值而不是价格。

后来,他对于家电同行通过疯狂降价促销赢取市场的方法,总结出了这样的看法:

"打价格战从表面上看是库存压力,但从本质上讲,是企业的观念、思路、组织结构存在着问题。打价格战,会误导用户把眼光只盯着产品价格,而不去关注产品能够给他们生活质量的提高带来多大的方便。对企业来说,打价格战迫使他们把工作的重点转向以各种手段降低成本,其结果只能导致产品质量和服务质量下降,最终,企业和用户都是受害者。"

在一般人看来,张瑞敏的这种生意经看起来多少有点"顽固",甚至是有点傲慢。但是,其蕴含的商业智慧却足以让我们的企业家警醒:消费者购买商品最重要的并不是价廉,而是物美! 当价廉和物美无法兼得的时候,更多的消费者会选择产品的质量。因为家电商品不同于一般的消费品,家电商品有很长的使用周期,它并不会像一次性消费品那样可以轻易地买来然后轻易地放弃,谁都无法忍受耗费不菲的价格买回家的家电频繁出问题,或者使用寿命太短。

在这场旷日持久的价格争夺战中,海尔家电不仅没有做出任何的降价,相反,张瑞敏独立宣布提高价格,上涨幅度甚至达到12％。这样一个看起来令人匪夷所思的行动,其实包含了张瑞敏太多的思考和压力。因为当时的海尔只有电冰箱一个产品,如果在这场价格战中败下阵来,海尔将彻底失去东山再起的机会,甚至会一败涂地。

市场销售的现实情况证明了张瑞敏商业智慧的正确性。当国内家电企业纷纷以大白菜价格向外抛售家电产品的时候,海尔不降反涨的营销战略却让顾客趋之若鹜,消费者不仅对那些血本甩卖的产品不买账,相反,对海尔情有独钟。海尔冰箱不仅没有受到任何其他企业价格降低的影响,一直保持着畅销,甚至在许多地区还出现了脱销的状况。

我们今天的企业家应该不难在脑海中绘制这样的一幅图景:在豪华的商场中,无数厂家促销员以惊人的超低价格喊破喉咙向顾客兜售家电的时候,消费者经过短暂驻足徘徊之后,最终站在了海尔销售柜台前,心满意足地购买了价格上涨的海尔产品。

这并不是张瑞敏营销手段的成功,而是海尔品牌的成功!消费者不是傻子,同样质量的产品绝不会放弃低价去购买高价产品,但是,消费者更不会愚蠢到贪图便宜而放弃产品的质量。海尔品牌靠的就是质量这个硬件,可以让所有消费者放心地使用,这个观念已经深入人心。如果没有品牌作为后盾,不仅张瑞敏不敢逆降价促销潮流而动,消费者也不会愚蠢地花高价买家电。

"便宜没好货,好货不便宜。"这句人人皆知的俗语并没有让那些降价促销的企业家警醒,相反,他们企图自作聪明以价格诱惑消费者,而张瑞敏则成功悟出了其中的道理,把握住了消费者购买商品后不愿意接受降价的心理,以及降价的产品必然存在质量问题的质疑,在市场面前坚决不让利,而是既争利又争市场。海尔依靠品牌,不仅成功地度过了 20 世纪 90 年代那场旷日持久的价格大战,而且,更加坚定了企业以品牌取胜发展的理念。在此后的历次价格大战中,海尔坚决不蹚这些浑水。这使得海尔的品质在市场中获得了极高的赞誉,不仅赢得了利润,也赢得了市场。这让我们不得不再次钦佩张瑞敏品牌意识的正确性和先进性:

所谓价格战最终比拼的是能满足消费者的个性化需要,使产品物有所值,不说降价不降价,只说这个价格你是否能接受。如果消费者接受,这就是有意义的价格;如果消费者不接受,即便是打价格战,又有何意义呢? 我们要专注于用户的需求,加强创新能力,用高品质的产品和高质量的服务赢得用户的心,做到"不争而善胜"。①

其实,张瑞敏的"善胜"不是"不争",而是争品牌、争质量,惟其如此,才不至于在价格大战中争得焦头烂额。因为让利是让不出品牌的,只有品牌才能为企业盈利!

案例 2 · 中国式管理

管理无定式,这是张瑞敏对管理经验的总结。但是,这并不是说现代企业管理就不存在任何固定的管理模式。面对不同的企业、不同的市场情况,任何先进的管理经验和模式都需要经过现实的检验。为此,只有因地制宜、实事求是地借鉴他人

---

① 林赛:《商儒张瑞敏》,现代出版社 2009 年版,第 63 - 64 页。

的管理经验,才可以促进企业发展。这种管理理念无疑是道家哲学"道可道,非常道"的精确反映。

张瑞敏在海尔的管理制度文化构建上,一方面,大力汲取先进的中西现代企业管理经验,为海尔管理制度的建设提供重要的思想资源;另一方面,绝不照搬任何现成的管理模式,而是根据海尔自身的实际状况,灵活多变地运用企业管理经验。由此,形成了海尔别具一格的管理制度文化。在他看来:

"管理中国企业只能用中国式的管理模式。我的管理模式的公式是:日本管理(团队意识和吃亏精神) + 美国管理(个性舒展和创新竞争) + 中国传统文化中的管理精髓 = 海尔管理模式。"①

张瑞敏的中国式管理模式,为海尔管理制度文化的中国特色奠定了理论基础。当我们在中国文化环境内的时候,也许很难察觉到海尔的中国式管理制度文化究竟有何特殊之处,但是,当中西文化发生碰撞,或者在异域文化的国度里,再重新审视海尔制度文化的时候,我们就能够非常亲切地感受到中国式制度文化的独特性。海尔在美国办厂并以中国式管理制度进行管理的成功,就是张瑞敏中国式管理制度文化的杰作。

在美国,中国企业最终的目标就是要别人认同你的文化,如果用压服式的方法,肯定不行,那就要找出两者共通的地方。美国人要突出个人价值,比如,海尔在美国工厂的布告栏上贴了很多激励员工的照片。如果在中国,贴上员工个人照片,他会很高兴,但在美国这还不够,要贴上他全家的照片。让美国人排队搞下班时的自我清查,也许是天方夜谭,但海尔试着去做,发现并无不妥,重要的是企业从一开始就去做。这就是海尔文化。

---

① 胡泳:《张瑞敏如是说》,浙江人民出版社 2005 年版,第 307 页。

当美国南卡罗莱纳州的海尔"洋员工"一边听收音机、一边工作的时候,海尔管理人员遇到了用什么企业文化整合这支队伍的难题。"6S 班前会"是海尔本部实行多年的"日清日毕、日清日高"管理办法的主要内容。"6S"是指"整理、整顿、清扫、清洁、素养、安全"6 项工作。每天工作表现不佳的员工要站在 6S 大脚印上反省自己的不足,张瑞敏称这种做法叫做"负激励"。

然而,这样一套在海尔本部行之有效的办法在美国却遇到了法律和文化上的困难,美国员工根本不愿意站在大脚印上充当"反面教员"。国际化竞争迫使海尔文化必须适应不同社会和文化环境,必须赋予新的内容。理念上的创新所产生的效果是难以估计的,"负激励"变成了"正激励",争强好胜的欧美员工们,很乐意站在大脚印上介绍自己的工作经验。当站在大脚印上的演讲者越来越多后,车间里的烟卷和收音机也逐渐消失了踪影。①

老子哲学认为：道生万物。按照这个哲学理念,任何现代企业管理都有一个本源,但是,这个本源是绝不能用某一两个单纯的模式加以束缚和捆绑的,只有包容兼收,才有可能让企业管理制度不断适应形势需要,符合市场竞争规律。张瑞敏正是从老子哲学中领悟到了这个道理,所以,他的中国式管理制度文化既体现了东方民族独特的文化韵味,同时,又不以所谓的中国模式强行捆绑扎根在西方土地上的海尔工厂,这种思想本身就是中国民族文化,尤其是道家哲学中追求人的灵活变通、随物婉转的本质。

从"负激励"到"正激励"的管理制度,在表面上看,这是两种完全不同的制度文化,其实不然。如果把激励看做一枚完整的硬币,那么,这枚硬币必然存在着正负两面。在中国传统文化中,对这枚硬币的负面刺激作用也许更行之有效,因为它更

①　林赛：《商儒张瑞敏》,现代出版社 2009 年版,第 215－216 页。

符合中华民族内敛含蓄的文化特征;而相对于以张扬个性、冒险进取精神为特征的西方民族而言,"正激励"似乎更能切合人的心理。于是,在国内企业中,惩罚制度相对多于奖励制度,这几乎成为国内企业管理制度文化的一个中国特色。

但是,如果我们把这枚制度文化的"硬币"放在老子的哲学中去审视,我们就会发现,"负激励"的惩罚制度并不具有代表中国式管理的资格。准确地说,中国传统文化一向追求中庸、中和,即使和儒家主流文化具有很大差异性的道家文化,也一向标榜阴阳守恒的规律。所谓的阴阳互动、祸福相依,这才是真正的"中国式"。而且,在历代封建统治阶级的政治管理中,无不把追求不偏不倚、中正平和作为管理的最高境界。

张瑞敏深谙道家文化哲学,他在海尔管理制度文化的打造上,就不可能为了突出所谓的"负激励"而置"正激励"于不顾。事实上,海尔的管理制度始终致力于塑造公平合理的理念。例如,在人事升迁上,一方面,实行严格的末尾淘汰制,这是所谓的"负激励"的最严厉的惩罚;另一方面,海尔的升迁制度对于每个员工都是极大的鼓舞,只要拥有一定的才能,都可以得到展示才能的机会和平台。正因为张瑞敏在海尔管理制度上的平衡和协调,才让海尔一直保持着非常稳健的步伐前进。

这让我们很容易想起张瑞敏接受海尔之后对海尔技术的改造。如果说海尔成功的第一步是依赖德国利勃海尔的高科技,那么,在海尔壮大以后,就不再单纯依靠西方的高科技,而是全面吸取了同时代的家电技术,融汇变通。在硬件上,走西方高科技路线,在软件上,走中国人性化服务路线,中西文化交融贯通,最终成就了海尔极高的信誉。

同样,在管理制度建设上,张瑞敏也是采取了这样的理念,既不完全倒向西方的管理制度,也不纯粹停留在中国某一制度层面上,而是汲取了老子哲学中的辩证法,从正反两个方面来铸造管理制度文化这枚硬币。这给海尔制度汲取中国本土文化力量提供了源头活水，同时，也对中国的海尔走向世界、融入世界、领先世界起到了至关重要的作用。这正如有人指出的：

海尔用东方人特有的人情味和亲和力，打破了不同民族和语言的障碍，海尔文化在最细微处得到了融合，海尔文化的精髓正在被不同肤色和不同价值观的人们所吸纳。

从某种意义上说，张瑞敏用自己的传奇经历和创业精神造就了独特的海尔文化，而张瑞敏不断形成和推出的创新理念和开拓进取意识又是海尔文化平台的产物。[①]

本章启示

在中国，唐代诗人贾岛的《寻隐者不遇》对于大家来说并不陌生："松下问童子，言师采药去。只在此山中，云深不知处。"由于这首诗蕴涵着丰富的哲学韵味，历经千年，仍然在人们口中相互传诵。

深爱中国传统文化的张瑞敏，更是对这首诗非常熟悉。1997年，张瑞敏曾经受邀到日本松下电器公司访问，在参观该公司的博物馆之时，与博物馆里的几位企业管理制度文化的专家谈论起管理哲学。张瑞敏在赞叹松下公司管理制度的水平时，引用了中国唐代诗人贾岛的《寻隐者不遇》，然后说：

"松下幸之助先生的经营哲学就像这首诗说的一样，很深邃，但又无定规，大体如此，至于效果，就靠每个人自己的理解与运用了。其实做企业成功的人，

---

① 林赛：《商儒张瑞敏》，现代出版社2009年版，第216页。

也常有'只在此山中,云深不知处'的感觉。"①

张瑞敏并没有故弄玄虚,他知道一切先进的管理制度都需要根据客观现实情况加以运用,而不可以作为放之四海而皆准的真理。摆在张瑞敏建设海尔管理制度面前最重要的问题则是,如何根据中国民族的国情、人情来制定和实行管理制度文化。这正如他说的,管理理论不过就那么几条,在运用上可能要有很大的差异,"需要因时、因人、因地、因情况而定"。

"没有规矩不能成方圆。"这句话在中国几乎无人不知。既然立规矩如此重要,那么,任何一个企业家都不会放弃对企业里规矩——管理制度的重视。张瑞敏对企业管理制度的重视,不仅与他同时代的企业家,而且与今天我们身边的众多企业家一样都给予了高度的重视。但是,同样对企业管理制度的重视,在效果上却有着天壤之别。

张瑞敏亲手缔造的管理制度,在今天已经成为一种体现"中国式管理"文化内蕴的模式。而在他之前、同时和其后的企业家辛苦经营的管理制度,虽然不乏优秀的典型,但是,无论是体系的完备性还是影响力,都无法与海尔的制度文化相媲美。

这让我们对海尔的管理制度文化不得不给予特别的关注。

首先,正如张瑞敏所说,任何一种先进的管理经验都不能成为包治百病的灵丹妙药。所以,海尔的管理制度能够成为今天中国,乃至国际企业管理制度的典范,其成功的来源在于绝不简单照搬、抄袭、移植任何一种先进的企业管理制度,这是确保海尔管理制度文化能够做到因时、因地、因人的重要保障。

其次,中国企业的管理制度要符合中华民族的基本特性,这些特性包括传

---

① 胡泳:《张瑞敏如是说》,浙江人民出版社 2005 年版,第 306 页。

统管理思维方法、模式、表征等。正如同中华民族具有深厚的伦理制度文化历史一样，一切管理都需要通过明确条文的形式加以严格规范，这样才有可能引起企业工人对管理制度的足够重视。那种仅仅停留在管理者口头上的警告、处分，都无法取得这些明确规章制度的效果。

再次，管理要从最基础的工作抓起，哪怕是最不起眼的职工行为，都应该明确写进规章制度里面加以规范和引导。例如，张瑞敏的"海尔十三条"，对于一般企业不屑于规范的"不准在车间随地大小便"等问题，都作为管理制度的基础工作来抓，这些都是此后企业管理制度文化能够实现飞跃的前提和逻辑基础。

最后，一切的管理制度都需要落实到现实工作中，为此，管理者需要通过树立领导执行力的威信，让全体职工确信管理制度的有效性和严肃性。为什么许多企业的管理制度井井有条，但是，对于企业的发展并没有太大的作用？从根本上说，就是没有针对企业职工的具体情况，从国情和文化的高度和深度上加以重视。

后　记

对于天意弄人这句词,在写完了《张瑞敏的儒商智慧》这本书稿之后,我突然有了一种前所未有的体会。

就在 10 年以前,当我在南京执着于中国文化诗学研究的时候,第一次使用了海尔的产品——一台外观小巧的电冰箱。当时,只知道海尔并不知道张瑞敏,而且,这种认识也是因为无意中被各种媒体信息强行塞进大脑中的。记得当时为什么要购买这种产品的唯一想法,就是听说这个品牌质量好和服务好。

随着这台冰箱正式在我家里落户,终于第一次把传言中的海尔与现实中的海尔对号入座。正如同文学作品中许多老套的故事一样,结果是消费者和商家都满意的"大团圆"。

此后,因为学习和工作的原因,我开始不停地在国内许多城市之间奔波。其间,在上海开始了自己文化知识结构的重要转换,研究的对象已经远远溢出了文化的艺术和审美,而是更多地转向了哲学和文化产业,商业生产和经营中的各种术语、概念和范畴,已经越来越多地占据了我的学习的时间和作品的空间。

在焦虑、惶恐和兴奋中,终于以著作的形式进入了商业领域。成功与否已经不再属于自己考虑的事情,因为这个问题本应由社会来做出裁决。但最感慨的是,10 年前那次购买海尔产品的个人生活体验,居然成了现在以海尔和张瑞敏作为研究对象的先天机缘。虽然这样的研究也许不是我终身的事业,可是,在从哲学和文化的视角对企业的商业化生产和经营的理解过程中,让我明白了中国古人那句非常富有哲理意味的诗句:此中有真意,欲辩已忘言。如此想来,就不再为此种研究耗费的时日而惶恐了。

需要特别提及的是,我要感谢金洁小姐和徐蓁小姐给予我的巨大帮助,两人与我皆未曾谋面,但是,从网络中传递来的中肯意见,让我受益良多。

显然,限于个人水平能力,所写文字尚需求教于大方之家。

图书在版编目(CIP)数据

张瑞敏的儒商智慧/张兴龙编著. —杭州：浙江大学出
版社，2011.1

ISBN 978-7-308-08263-1

Ⅰ.①张… Ⅱ.①张… Ⅲ.①张瑞敏－生平事迹②电气
工业－工业企业管理－经验－青岛市 Ⅳ.①K825.38
②F426.6

中国版本图书馆 CIP 数据核字（2010）第 253410 号

张瑞敏的儒商智慧

张兴龙　著

策 划 者	蓝狮子财经出版中心	
责任编辑	王长刚	
文字编辑	王元新	
出版发行	浙江大学出版社	
	（杭州市天目山路 148 号　邮政编码 310007）	
	（网址：http://www.zjupress.com）	
排　　版	杭州大漠照排印刷有限公司	
印　　刷	杭州杭新印务有限公司	
开　　本	710mm×1000mm　1/16	
印　　张	10	
字　　数	121 千	
版 印 次	2011 年 1 月第 1 版　2011 年 1 月第 1 次印刷	
书　　号	ISBN 978-7-308-08263-1	
定　　价	30.00 元